基于包容性增长视域的
西部资源型地区产业空间重构
及协同发展研究

JIYU BAORONGXING ZENGZHANG SHIYU DE
XIBU ZIYUANXING DIQU CHANYE KONGJIAN CHONGGOU
JI XIETONG FAZHAN YANJIU

张荣光◎著

中国财经出版传媒集团

经济科学出版社
Economic Science Press

图书在版编目（CIP）数据

基于包容性增长视域的西部资源型地区产业空间重构及协同发展研究／张荣光著． -- 北京：经济科学出版社，2022.12

ISBN 978 - 7 - 5218 - 4469 - 6

Ⅰ. ①基… Ⅱ. ①张… Ⅲ. ①区域经济发展 - 产业发展 - 研究 - 西北地区②区域经济发展 - 产业发展 - 研究 - 西南地区 Ⅳ. ①F127

中国版本图书馆 CIP 数据核字（2023）第 014038 号

责任编辑：杜　鹏　常家凤　郭　威
责任校对：刘　娅
责任印制：邱　天

基于包容性增长视域的西部资源型地区产业空间重构及协同发展研究

张荣光　著

经济科学出版社出版、发行　新华书店经销

社址：北京市海淀区阜成路甲 28 号　邮编：100142

编辑部电话：010 - 88191441　发行部电话：010 - 88191522

网址：www.esp.com.cn

电子邮箱：esp_bj@ 163.com

天猫网店：经济科学出版社旗舰店

网址：http://jjkxcbs.tmall.com

固安华明印业有限公司印装

710 × 1000　16 开　10.25 印张　150000 字

2022 年 12 月第 1 版　2022 年 12 月第 1 次印刷

ISBN 978 - 7 - 5218 - 4469 - 6　定价：59.00 元

前　　言

　　党的十九大报告明确指出必须坚持新发展理念，坚定实施区域协调发展战略，形成资源节约、环境优美的空间格局、产业结构、生产方式与生活方式，树立创新、协调、绿色、开放、共享的新理念，谋求开放创新、包容互惠的发展前景，构筑尊崇自然、绿色发展的生态体系，还自然以宁静、和谐、美丽。我国围绕资源型地区转型常抓不懈，但资源型地区生态治理滞后，区域间发展失衡，区域内传统产业与新兴产业"长短腿"现象严重，未形成和谐的区域经济体系，产业调整和空间格局优化始终是"两张皮"，导致生态空间恶化、生产空间拥挤、生活空间狭窄。而西部资源型地区由于资源种类繁多、品质各异，但产业链短、价值链低端，是中国资源型地区中资源开发利用最为复杂的地区。支持西部资源型地区经济转型发展是补齐民生发展短板、促进社会公平、确保区域协调发展战略实施的重要举措。因此，本书通过对西部资源型地区资源禀赋的客观评价，将时空分布的异质性资源在产业价值链有机整合，客观分析产业与地域的空间属性，实现产业区域内重构和区域空间的有机耦合与协调互动，为资源型地区经济发展提供切实可行的路径及对策建议。

本书的主要内容包括7章。第1章阐述了研究背景、研究意义与研究思路。第2章梳理了包容性增长的发展演化历史的四个阶段，归纳得到包容性增长的四个科学内涵。第3章基于包容性增长视域，总结了西部资源型地区发展中主要存在的问题，为进一步研究做好铺垫。第4章从经济增长、机会平等、成果共享、可持续发展和资源环境五个维度构建了包容性增长测度体系，对西部资源型地区包容性增长水平进行综合评价，并以典型地区为代表分别对成熟型、成长型、衰退型资源型地区包容性增长水平进行深度剖析。第5章从资源优化配置、传统产业结构优化、新兴产业培育和构建绿色生态位四个方面探究西部资源型地区产业价值链重构。第6章研究了西部资源型地区产业空间重构的理论基础、路径分析、模型选择以及典型地区重构实践运用。第7章是本书的重点，本章基于包容性增长视域下西部资源型地区产业重构及协同发展的研究，并结合我国当前的经济形势和国家政策，从延长传统优势产业链、发展新兴战略性产业、推进产业空间与地域空间耦合协调、实现产业空间梯次配置、提升绿色生态位等角度提出关于构建西部高质量发展的经济产业纵深高地，带动西部资源型地区产业发展的对策建议。

本书创新主要体现在以下几个方面：第一，包容性增长视域下的西部资源型地区产业空间重构是机会平等、公平效率和创新共享的产业发展新格局。第二，西部资源型地区产业空间重构具有产业空间和地域空间两个维度，产业空间重构必须是两个维度的协调。第三，西部资源型地区产业重构具有明显的空间分异性，分区域推进和统筹构建是实现区域产业转型升级的可行选择。本书的不足包括：第一，我国西部同时存在成长型、成熟型、衰退型、再生型四大类资源型地区，本书未能对每个地区进行深入研究，仅选取典型代表进行分析。产业空间重构与协同发展模式是否具有普适性有待进一步验证。第二，本书从机会平等、效率与公平、成果共享、持续创新四个方面定义包容性增长，随着经济发展需要和人民生活需要的改变，包容性增长的定义有必要进一步扩展。第三，目前统计数据大多来源于已公布的城市年鉴和统计公报，研究的进一步深入需要更多的实地调研数据。

张荣光

2022 年 10 月

目　　录

第 1 章

导　　论

1.1　研究背景

中国特色社会主义进入新时代，我国社会主要矛盾已经转化为人民日益增长的美好生活需要和不平衡不充分的发展之间的矛盾。社会主要矛盾的转变与历史进程息息相关，这就要求我们在持续促进发展的基础上，同时考虑经济发展质量和效益、经济结构转型、经济增长方式转变等，以便于更大程度上满足人们日益增长的美好生活需要。

党的十八大报告表明了我国现在面对三类严峻情况：严重的环境污染、趋紧的资源约束、退化的生态系统。这要求我们突出生态文明建设这一目标，并将该目标全面融合到经济发展、文化建设、社会进步、政治政策等各个方面，落实国土空间开发格局优化、资源节约社会建设、生态文明制度建设、生态系统与环境保护。

党的十九大报告明确指出，必须坚持新发展理念，坚定实施区域协调发展战略。以保护环境基本为国策，以高质量发展为引领，逐步转变为资源节约的生产方式、产业发展结构和空间格局，促进我国生态文明体制变革。树立创新、协调、绿色、开放、共享的新发展理念是建设美丽中国的关键所在，追求创新开放、互惠包容的发展蓝图，构建尊重自然、发展绿色的生态体系，支持传统产业改革优化以支持资源型地区经济转型可持续发展，还自然以和谐、宁静、美丽。

中央全面深化改革委员会于 2019 年 3 月通过《关于新时代推进西部大开发形成新格局的指导意见》，该意见指出，我国已经步入了区域协调发展的新阶段，但仍需持之以恒推进西部大开发，并积极落实和完善西部开发和崛起的相关工作。为防范、化解各类风险提供强有力的能力，为区域协调发展的实现奠定稳定的基石。强化弱项、紧跟经济社会发展重点等措施有助于推进西部开发新格局的形成，而且对推进格局开放、落实环境保护、形成高质量的发展新格局具有积极作用，加强西部地区经济发展与资源、环境、人口之间的和谐关系，通过努力实现不同类型地区的发展互补、人与自然的和谐共生、东西双向协同并进，进而实现公平、高效率、高质量的可持续发展。

2019 年 8 月 26 日，中央经济工作会提到，各地区应该根据现实情况，走合理分工、发展优化的道路，完善空间治理，促进优势互补的、高效率、高质量发展的区域经济体系，在充分发挥各区域自身优势的基础上，促进各类要素合理流动和高效聚集，从而推动我国的创新发展进程。

"十四五"规划中提到生态产品价值实现机制重要的一环是生态补偿，生态补偿同时也是我国生态文明建设的重要组成部分。完善自然资源的资产产权系列制度和相应的法律法规，首先应加强管理自然资源，并落实在调查、监测、评价和确权登记等方面，促进实现生态产品价值的机制，同时还需完善多元化与市场化生态补偿，逐步实现管护有效、科学合理配置、资源节约、资源总量循环利用。把新发展理念完整、准确、全面地贯穿在经济发展中，在各领域和全过程中坚持新发展理念，在形成新发展格局的基础上，加快实现效率、动力质量等多方面的改革，将我国的转型发展切实落到实处。

我国仍然处于并将长期处于社会主义初级阶段，这在一些落后乡村等区域表现得最明显。主要是因为社会发展的矛盾在欠发达地区最为集中。此外，经济较不发达地区，同时也具有极大的发展潜力。习近平总书记曾在各类重要的会议中多次强调消除贫困、改善民生是我国实现社会主义共同富裕的本质。也就是说，通过乡村振兴与精准扶贫等战略改善乡村等欠发达地区的发展具有极为重要的现实意义，是我国达成"两个一百年"奋斗目标、解决新时代社会主要矛盾、实现中华民族伟大复兴中国梦的必由之路。除此之外，乡村振兴战略与脱贫攻坚的实际成果能有效衔接，对我国构建国内经济发展大循环的新发展格局有显著促进作用。

1.2　研究意义

资源型地区的特点体现在两方面：第一，具有丰厚优质的自然资源；第二，该类地区的自然资源开采、加工是其主体产业。凭借先天资源优势，西部资源型地区发展起资源型经济，既为全国提供生态屏障，又为我国经济发展提供各类资源、能源以及原材料，同时还要在西部大开发中兼顾保护环境，在我国要素投入时期为区域和国民经济增长做出突出贡献。随着我国经济进入高质量发展时期，西部资源型地区资源保护、环境优化、经济发展面临诸多问题：一方面，西部资源型地区矿产主要为鸡窝矿，分布不成带、不成面，资源储量有限，资源枯竭、环境恶化使得资源地区成为我国经济发展的短板；另一方面，西部资源型地区产业结构低级、工业结构单一、资源极度依赖，造成西部地区产业链条较短，产业空间异质性明显，经济空间溢出效应不明显，这些现存的问题都严重制约了区域内的经济发展，逐渐将西部地区和东部地区的差距拉大，西部地区经济发展与生态环境之间的尖锐矛盾使得经济可持续发展受到挑战。国家发展规划中倡导更适宜当今社会需求的"绿色发展"和"可持续发展"，基于成果共享、公平效率、机会平等、持续创新的包容性增长理念，西部资源型地区产业空间重构是促进区域经济统筹协调可持续发展的必然选择，同时也是新时期下建设中国特色社会主义的重要任务。当前社会发展的主要矛盾已转变为人民日益增长的美好生活需要和不平衡不充分的发展之间的矛盾，这就要求持之以恒地实行西部大开发战略、全面落实乡村振兴战略，促进东西部地区的共同富裕和协调发展，要求西部资源型地区顺应国家经济发展趋势，转变地区经济发展方式、推进地区经济结构转型，促进西部地区经济高质量、高效益发展，最终构建资源节约、环境友好的美好社会。

因此，本书在包容性增长视域下，直面我国西部资源型地区的传统产业现实，探索因地制宜的产业布局新思路，分析西部与东中部地区的产业梯度融合发展，研究区域协同发展的内在机理和演化规律，提出西部资源型地区产业空间重构和协同发展的路径，具有一定的应用价值；选取典型西部资源型地区进行实证研究，反映西部地区实际情况，使研究结果更具现实意义。通过西部资源型地区产业空间重构的全方位、多维度研究，以产业的集群与变革，重新整合内外部资源、创新新业态、找出资源型地区绿色低碳发展的时空领域，实现包容性增长，这既是西部资源型地区经济发展方式的转变，又对于我国其他资源型地区的产业转型具有重要的现实参考意义。

1.3 研究思路

本书以西部资源型地区"一业独大、一损百业凋零"、社会矛盾凸显、区域间发展失衡和区域内典型城乡二元结构为问题导向，以包容性增长理论为支撑，以产业主动选择和区域协调发展为逻辑主线，基于西部资源型地区资源、环境和产业评价结果，探讨区域内产业价值链、区域间产业空间的重构模式及路径选择，为西部资源型地区产业协同发展提供对策建议。本书具体研究思路如图 1-1 所示。

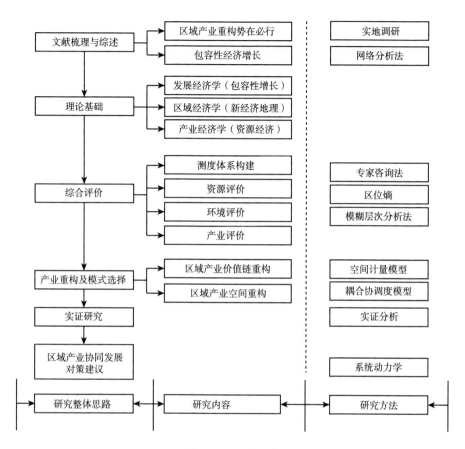

图 1-1 研究思路

第 2 章

包容性增长的科学内涵

2.1　包容性增长的发展及演化

包容性增长要求经济、社会、生态环境和谐共生，其演变经历了萌芽阶段、发展阶段、可持续发展阶段、新发展阶段。

萌芽阶段：亚当·斯密（1776）在《国富论》中，首次讨论了经济增长的实现方法，他认为促进经济增长的措施之一在于自由竞争的市场经济，这是由于在完全竞争市场下，人们的经济效益得到最大化。马歇尔将经济增长视为一个整体进行分析，完善了经济增长理论：他认为工人的数量、工人的平均效益、财富数量、实际总收入的主要影响因素在于自然资源条件、生产技术水平等。巴师夏（1850）在《经济和谐》中论证了资本主义社会的实质是自由贸易、阶级利益统一，该观点为经济发展做出了重要贡献。他认为政治经济学研究的对象是人类，主要通过研究人类的天性，即欲望、努力和满足这三类因素，从各种欲望手段的角度去研究人。两种服务的交换体现在每个人通过为别人提供某类服务做出相应的努力能满足别人的欲望，同时别人用另一类服务和努力作为回报。同时，他提出交换过程就是人们用服务换取的服务、用价值换取的价值的规律。由于两种服务交换的价值是同等的，因此这种同价交换是建立在平等互利基础上的交换，由于人们通过在交换等价服务、比较评价的过程中实现了自身的价值，各阶级的利益在这整个交换社会一定是和谐统一的。马克思（1876）在《资本论》中从制度层面角度分析了贫困的根源，指出资本主义的根本缺陷是导致无产者贫困和失业，实现人类共同富裕的道路就是建立共产主义道路。

发展阶段：庇古（1920）提出的福利包括经济福利和社会福利两类，且收入与福利的情况成正比，而且社会经济福利在收入分配最均等的时候是最多的。奥斯卡·刘易斯（1959）在《五个家庭：墨西哥贫穷文化案例研究》中对社区和贫困家庭进行实证研究得出穷人维持着贫困的生活的主要原因在于：贫困让人的居住环境产生差异并逐渐形成了具有独特性的生活方式，然后产生了"贫困亚文化"，脱离了社会主流文化。"圈内"交往会加强"贫困亚文化"形成程度，最终成为制度。舒尔茨（1960）在《人力资本投资》中指出知识和技能等人力资本的不足是贫困产生的主要根源。贫困理论分析了个体发展落后的原因，经济增长理论有助于提高整体社会的平均富裕程度。在此基础上，社会总体的稳定和谐也是重要影响因素。由美国学者亚当斯提出的基于公平分配的理念基础在 20 世纪 60 年代具有激励性特征。该理论认为，在报酬是公平的情况下，自身将收获满足感，然后激励自己相应的行为。反之，如果在对自己报酬的感知和比较认知失调的情况下，会对自己造成心理上紧张或对不公平有厌恶感受的心理失衡。这种心理失衡可以通过采取相应的行为进行调节或者消除。这说明包容性增长的实现要将社会福利效应纳入研究范围内，以实现人类社会的起点、机会平等以及激励公平等。

可持续发展阶段：早在 1980 年就显现了最开始的可持续发展理论，联合国环境规划署等组织在《世界自然保护纲要》中首次引入了"可持续发展"的概念，从此"可持续发展"进入世界人民的眼帘，该文件倡导在保护生物资源的基础上实现自然资源的永续开发和利用，这与包容性增长的经济资源利用的高效率特征相吻合。1992 年 6 月，联合国环境与发展大会通过的《二十一世纪议程》《气候变化框架公约》等与环境保护相关的指导性文件，并指出应加强经济发展与环境保护的密切联系，不以牺牲环

境来实现经济短期的快速增长，同时制定了相应的可持续发展战略，所以
包容性增长就是要在顾及环境保护的基础上发展经济。2002 年召开的可
持续发展世界首脑会议中明确指出了经济社会的发展应紧扣环境质量提
升的观点。可持续绿色发展重点在经济发展、社会进步、环境保护这三
大支柱上。

新发展阶段：自 2012 年以来，习近平总书记提出的治国理念、系列
讲话等对于我国目前社会新时代高质量发展具有重大意义。在党的十八大
会议上，习近平总书记就关于治国理念作了一系列的重要论述，提出依法
治国的治国观念以及实现社会法治化的相关目标。依法治国理念的提出有
助于全面小康社会的实现目标。这是由于健全的法治体系不仅是维护社会
稳定和谐、实现人民安居乐业的基石，同时是社会公平与高效配置的重要
保障，还能严厉打击党内腐败现象，进一步促进社会安定。在新发展阶
段，习近平总书记的治国理念目标不仅是社会和谐、人民普遍安康、社会
公平，还包括社会产权明晰和资源高效率配置。另外，习近平总书记关于素
质教育的重要讲话作为我国新时代中国特色社会主义教育治理体系的关键内
容，在教育平等的基础上发掘学生的潜能，以达到培育技术人才与知识创新
的目的，知识技术的创新又有助于生产力效率的提高，从而达到保护西部资
源的作用，而且教育平等也将提升社会成员高素养的普遍性，能进一步实现
社会的稳定性。在党的十八大会议上，习近平总书记提出了"绿水青山就是
金山银山"的发展理念，并明确了当前生态文明体制进行改革的具体要求，
人类同为一个命运共同体，因此在建设美丽中国的过程中不仅要关注物质产
品的增长，还要注重其质量的优化以及生态平衡问题。

2.2　包容性增长的科学内涵

在 21 世纪初期，亚洲开发银行将包容性增长的内涵解释为机会平等的
增长方式。主要内容为有效以及富有价值的包容性增长需要使绝大部分人从

经济增长的成果中获益。学者们大多是从研究问题的不同角度对其内涵进行解读，让皮埃尔莱曼（2008）阐述包容性增长的根源是在公平公正的基础上实现的经济发展，包括标准的可衡量和更多的无形因素，存在着平等与公平的问题。陈波（2009）认为"包容性增长"理论内涵里深入体现着"以人为本"的观念，人人能共享，强调人人可参与的发展方式、人人有权利的保障是包容性增长的经济发展目标。杜志雄（2010）指出当代经济增长研究的两个重要因素是增长源泉与结果，实现人人均等的机会，而能让增长成果更好地惠及人民是建立包容性增长发展的理论和体系设立的基础。王新建（2011）认为包容性增长的内涵与科学发展观、构建和谐社会本质上是一致的。包容性增长的目标除了单一追求 GDP 的快速增长，还包括保护环境、节约资源、提升广大群众生活质量、推动人类社会进步等。白永秀（2011）则提出包容性增长的内涵主要包括机会平等的增长、高效安全的增长、全民共享的增长、涉及全面的增长、更为广泛的增长以及可持续的增长。臧萃妮（2012）提出为人民群众提供更多的机会平等，从而让低收入人群和弱势群体这类人能真正地融入经济发展过程，然后分享到经济增长的结果，获取相应的经济效益过程就是包容性增长的意义。崔丽娜（2013）提出打破社会群体和社会各个阶层之间的壁垒，促进社会和谐的统一程度，促进人人机会平等并都能分享经济发展的各种结果是包容性增长；同时，对于不同的国家间需要互相包容并尊重其不同经济发展水平与经济发展模式，坚持在和平发展的基础上互享经济发展的结果。司嘉丽（2013）指出以崭新的角度重新为新兴发展中的国家定位，在包容性中产出的绿色增长能够有助于刺激全球的发展。覃洁（2014）提到生态文明城市建设是现今城市发展的必经历程，同时，生态文明也是目前为止人类历史上最高的文明形态。生态文明城市的建设中的包容性增长主要体现在经济、文化等方面。胡柳（2014）基于包容性增长的视角对我国乡村旅游经济发展的历程展开了研究，并得出乡村旅游中存在的分配不公正是比较普遍的现象。

本书认为包容性增长的科学内涵主要从以下四个方面得以体现。

（1）包容性增长是机会广泛而平等的增长。经济发展的基础在于增长，而包容性增长不只在于维持经济速度上的增长，同时需要在经济发展质量上实现增长，经济增长的速度和模式能够让经济增长具备广泛的包容基础。但是增长并不总是包容性的，除非群众能享有平等机会并真正参与到经济增长过程，因此增长并不是包容性增长的必要条件。在共促经济增效的过程中实现了最广泛的民众的发展，才能称之为有利于包容性的增长。包容性增长着重强调人人均等的机会与共享机制，要让中小企业、贫困弱势这类群体可以从经济增长中实现更多的效益。每个个体都能公平合理地享受到经济发展的成果，各领域的差距将进一步减小，从而提高社会的包容性。包容性增长凭借"以人为本"的基本准则，向经济发展和社会公平公正两方面尽力实现其目标。整体性、协同性、系统性是包容性增长具备的特征，在全面发挥经济的内在潜力的基础上扩大就业范围并把握住社会生产的各类机会，以在最大程度上加快社会经济发展。同时，还需落实社会的统一和谐与经济社会发展中的机会均等，互享经济福利，构建完善的社会保障体系，让经济在真正意义上惠及广大群众，实现经济协调发展。

（2）包容性增长是效率与公平并重的增长。世界银行指出，"不平等"主要来源于两个方面：一是不平等的机会，即就业、受教育条件和程度、医疗资源使用的不平等；二是不平等的结果，即收入不平等和财富不平等。包容性增长理念的重大创新之处就是重新描述了公平与效率之间的内在关联性，强调要改善收入分配不均等的现象、缩小当前存在的明显贫富差距，最终实现全社会共同富裕的目标。但是当经济走向在一段时间内持续低迷，大部分人民将会处于共同贫困的恶性状态，只是依靠制度实现的公平仍旧是不长久的。因此，在已有的社会公平公正的基础上，还需保障持续的增长效率和坚实的经济基础，从根源上改善人民的生活质量。由此表明，包容性增长的理念根本上已经证实了效率和公平之间具有的一致高度性，在一定的环境下，二者能够互相转变、互相促进、互相阐释。中国是包容性增长的积极呼吁者，更是包容性增长的积极实践者（黄刚，2011；陈剑，2012；刘玲，2018）。包容性增长的目的包括缩小我国的贫富差距、地区差距、群体差距以及城乡差距，更要厘清我国社会经济结构稳定性与灵活性、选择性与必然性其中的联系。我国的经济与社会协调发展，改善和优化居民收入分配与包容性增长息息相关，同时还关乎我国各地政府对科学发展观的重视以及发展前景的战略。此外，包容性增长为我国构建社会主义全面和谐协调的社会在政策方案上提供了有效的选择道路。包容性增长是我国经济发展中的关键一环，其注重 GDP 增长模式、关注人均 GDP 及其可支配收入、预防弱势群体的边缘化，并尽力实现公平与效率两者的协调性。实现让国富引领民富的这一转型过程还有由站起来到强起来的重大转变。包容性增长的最终目标囊括全球经济发展的推动，全球价值与信息的互享，人类共同社会的可持续发展。

（3）包容性增长是成果共享的增长。中国经济在近些年来快速的发展取得了一系列辉煌的成就，但是中国发展集中体现为两大特征，即经济总量高速增长与经济结构持续失衡（秦海，1997；齐元静等，2013；刘燕妮等，2014）。人人都有平等的机会去共同分享经济增长的成果也就是利益共享，这是包容性增长的核心价值观，而这些成果既包括经济利益的共享与提升，也包括平等的政治权利的获得与维护的过程。换句话说，包容性增长就是让民众能够公平合理地分享经济发展创造的硕果，为社会公众提供充足的基本设施和公共服务，使社会中的全体成员都能够收获由经济发展带来的实惠成果，是一种以人为本的增长，其本质就是一国或地区经济发展的成果，所有人能够拥有共享经济发展成果的平等权利，也就是增长能够尽可能平均地惠及各个参与到经济发展过程中的每个成员上，即进而促进经济更加协调与均衡地发展。通过"经济内循环"发展模式保持经济活力，通过促进经济增长来实现包容性增长，协调社会各个阶层的利益关联，使广大人民群众均等互享发展成果，最后实现共同富裕，更好地满足人民群众日益增长的对美好生活的向往和追求。

（4）包容性增长是持续性创新的增长。随着时代和实践的发展，一个社会的发展理念最终会随之而变。把经济、政治、社会、文化与生态文明建设统一起来，创新、协调、绿色、开放、共享的新发展理念在"五位一体"的总体布局的基础上油然而生。新发展理念为包容性增长的含义作了最确切的说明，而且也有利于包容性增长理念的创新和发展，突出包容性绿色增长的核心主旨，中国的经济发展在包容性增长创新发展理念的指引下将会展露出新的生命力。中国要走包容性共享式绿色增长之路，坚持和发展中国特色社会主义包括"坚持人与自然和谐共生"，实现包容性增长是实现中国经济高质量发展目标的重要战略选择。包容性增长的这条发展之路，不仅是我国经济社会发展所需亟待实现的条件，也是落实建设社会主义新农村、贯彻科学发展观、推进城乡一体化发展、构建社会主义和谐社会等新时期发展方向的重要要求，更是中国当代经济社会协调、可持续发展的全新命题。

通过上述对包容性增长理念的丰富的科学内涵的解读可知，包容性增长是由多个方面内容共同构成的一种综合增长战略体系。

2.3 本章小结

基于共享经济、公平效率、机会平等的包容性增长理念是新时期我国建设中国特色社会主义的重要理念，是促进西部资源型地区经济统筹协调可持续发展的必然选择，包容性增长理念对我国资源型地区的产业转型具有重要的现实参考意义。本章梳理了包容性增长的发展演化历史的四个阶段：萌芽阶段、发展阶段、可持续发展阶段、新发展阶段。包容性增长抓住社会生产的各种机遇，扩大就业范围，在最大程度上促进社会经济的发展。同时，还需确保经济社会发展中的机会平等以及社会的统一和谐，构建完善的社会保障体系，互享经济福利，让经济从真正意义上惠及广大群众，实现经济协调发展。

基于包容性增长的背景和理论基础的分析，从四个方面归纳得到包容性增长的科学内涵，即包容性增长是机会广泛而平等的增长、包容性增长是效率与公平并重的增长、包容性增长是成果共享的增长、包容性增长是持续性创新的增长。而本书所研究的西部资源型地区的包容性增长本质上是在充分考虑本区域地理条件、资源禀赋等众多异质性因素的基础上，因地制宜发展当地产业，促进各产业机会平等，资源、技术创新共享，杜绝飞来产业，并兼顾产业效率提升和人民收入提高，最终实现贴合我国资源型地区包容性增长的一种独具创新性的发展理念。

第 3 章

包容性增长视域下西部资源型
地区发展中存在的问题

3.1 西部资源型地区现状

从 20 世纪中期开始陆续出现在我国的资源型城市，其定义标准为所开发资源的数量。在新中国成立之后的几十年内，我国在依靠增加重工业产值的基础上实现了经济的迅猛增长，资源型城市的产出在这段时期的经济增长中做出了重要的贡献。在 2013 年印发的《全国资源型城市可持续发展规划 (2013 ~ 2020 年)》（以下简称《规划》）中，指出我国目前现有资源型城市共计 262 个，其中，西部地区的资源型城市数量占全国资源型城市的比例约为 39%，总计 102 个。此外，《规划》按照发展阶段把我国资源型城市进一步划分为成长型、成熟型、衰退型及再生型四大类别，分别占比我国西部地级以上资源型城市（见表 3 - 3）的 37.5%、43.75%、10.41%、8.3%。考虑到数据的可得性，排除数据缺失的包括凉山彝族自治州、海西蒙古族藏族自治州、楚雄彝族自治州、黔南布依族苗族自治州、巴音郭楞蒙古自治州、黔西南布依族苗族自治州、阿坝藏族羌族自治州、普洱市、毕节市、金昌市、阿勒泰地区在内的 11 个市、州、区，选取其他的 37 个城市作为本书的研究样本，如表 3 - 1 所示。

表 3 – 1　　　　　　　　　　西部地区 48 个资源型地级行政区分布

所在省（区、市）	地级行政区
内蒙古（5）	包头市、乌海市、赤峰市、呼伦贝尔市、鄂尔多斯市
广西（3）	百色市、河池市、贺州市
四川（10）	广元市、南充市、广安市、自贡市、泸州市、攀枝花市、达州市、雅安市、阿坝藏族羌族自治州、凉山彝族自治州
贵州（5）	六盘水市、安顺市、毕节市、黔南布依族苗族自治州、黔西南布依族苗族自治州
云南（7）	曲靖市、保山市、昭通市、丽江市、临沧市、普洱市、楚雄彝族自治州
陕西（6）	延安市、铜川市、渭南市、咸阳市、宝鸡市、榆林市
甘肃（7）	白银市、武威市、张掖市、庆阳市、平凉市、陇南市、金昌市、酒泉市（玉门市）
宁夏（1）	石嘴山市
新疆（3）	克拉玛依市、巴音郭楞蒙古自治州、阿勒泰地区
青海（1）	海西蒙古族藏族自治州

资料来源：《全国资源型城市可持续发展规划（2013～2020 年)》。

在过去，西部地区凭借其天然的资源储量优势大力发展资源型经济，从而实现了当地经济的快速增长，并在中国的宏观经济形势中占据着十分重要的地位。本节将从西部资源型城市的发展入手，对整个西部资源型地区的资源环境和产业现状进行分析。

3.1.1　西部资源型地区经济发展现状

资源型城市是我国经济社会发展中不可或缺的重要组成部分，从新中国成立以来，其为建设国家经济、社会发展和人民生活水平提升都贡献了重要的力量。目前，我国已建立了 200 多座、占全国城市的 1/3、以矿产开采加工为主要产业的资源型城市。这些城市的建设与发展，促进了我国城市化进程，并为我国经济建设提供了充足的矿物能源和原材料，扩大了就业岗位的数量，推动了区域经济的增长。西部资源型地区主要囊括四川、广西、内蒙古、云南、陕西、贵州、新疆、宁夏、甘肃、青海在内的 10 个省份，各省份的资源型城市大多都是依托矿产资源的勘查开发而建立起来的，在我国经济粗发展时期做出了突出贡献。

2008~2019 年，西部资源型地区整体的经济发展水平大体呈现一个逐步递增的态势，说明各地区的经济实力水平正在不断增强。在 2008 年时期，大部分资源型地区经济发展处于低水平阶段，西北部地区优于中西部地区，中部地区优于南部地区；到 2013 年，整体经济实力水平增强，西北部地区变化显著，这得益于该地区的资源禀赋与经济环境。到 2019 年时期，南部地区变化较为显著，经济水平不断提升。

3.1.2　西部资源型地区资源环境现状

特殊的地貌气候作为西部资源型地区能源贮藏的优点，该区域内的矿产、能源、森林等资源尤其丰富，到目前为止，共有 161 种探明过的矿产资源，其储量的潜在价值占全国总和的 50.5%，远胜过其他区域的探明储量。西部资源型地区在储存我国的资源中占领了举足轻重的地位也是由于这个因素。

西部地区依靠资源储量优势而开展的粗放式、高强度的开发造成了当前该地区生态环境较为恶劣的结果。一方面，部分企业为了降低生产成本，不按规定存放已经使用过的未经处理的矿石或固体废弃物，使周围地表破损严重，辐射也随之产生，过多的矿尘加速了对周围土壤的污染，同时含有毒性或放射性及残留选矿药剂的尾矿造成土地沙化、盐渍化、退化的情况，这些都在严重地污染农作物、地面水，威胁了生态环境。另一方面，一些矿产资源公司随意排放未经处理的"三废"，严重污染着土地、空气与水资源，打破了生态系统的平衡，并产生了不能逆转的伤害，更严重的还在于其对居住在污染物周围的居民的致命威胁。许多地下水供给建筑围绕矿区建立，因为矿石加工需要供给充足的水资源，最后，这种不平衡的水域分布会导致过量的含化学物质和有害矿井水与重金属离子的污水排出，从而造成水系负担的加重。

3.1.3　西部资源型地区产业现状

西部资源型地区的产业结构大都以资源型产业为主,其中,能源矿产业尤为典型并且也居多。目前,西部地区已建成国家能源和矿产基地。这种产业结构造成了资源型产业就业岗位密集型的特征,即份额大的初级产品矿业、较为简单的产业结构、趋同的资源、较慢的结构发展。在采矿业中,西部资源型地区制造业的份额很小,但采矿开发和初级产品的数额过多,从而促进了初级产品加工业、能源为主导的矿产资源产业结构。以下对我国西部资源型地区的产业现状的分析将从 GDP 的构成来阐述。因为第二产业和第三产业占比绝大部分资源型城市区域生产总值,因此就不对第一产业进行探讨,仅分析第二产业和第三产业的比重变化。

表 3-2 展现了我国 2006 年、2011 年、2016 年、2020 年 37 个资源型城市第二产业占地区生产总值的比重。

表 3-2　西部资源型城市第二产业占地区生产总值的比重　　单位:%

城市	2006 年二产比重	2011 年二产比重	2016 年二产比重	2020 年二产比重
包头市	54.2	55.4	47.1	41.4
乌海市	63.6	72.8	56.6	64.5
赤峰市	41.2	53.6	47.0	31.2
鄂尔多斯市	55.0	60.1	55.7	56.8
呼伦贝尔市	32.2	44.5	44.7	27.9
百色市	50.2	54.5	53.4	39.8
贺州市	46.7	46.3	40.8	34.2
河池市	40.5	41.3	30.4	28.5
自贡市	46.1	58.8	57.5	40.1
攀枝花市	70.5	75.5	70.5	53.6
泸州市	41.7	59.7	59.1	49.1

续表

城市	2006 年二产比重	2011 年二产比重	2016 年二产比重	2020 年二产比重
广元市	32.7	44.7	46.6	39.0
南充市	38.9	50.9	46.1	37.9
广安市	38.6	51.4	51.6	32
达州市	37.4	52.6	41.6	34.0
雅安市	46.4	57.2	53.4	29.9
六盘水市	58.9	62.7	50.2	44.8
安顺市	39.8	39.4	32.4	30.3
曲靖市	53.9	53.5	49.7	37.0
保山市	26.6	32.1	34.9	37.3
昭通市	41.9	47.9	42.1	37.5
丽江市	31.6	41.7	38.9	32.3
临沧市	33.2	38.2	33.7	24.8
铜川市	55.4	63.7	51.9	34.9
宝鸡市	58.7	63.7	63.5	55.4
咸阳市	45.0	53.4	57.9	44.1
渭南市	46.1	53.0	46.0	34.9
延安市	78.6	73.2	53.0	55.3
榆林市	68.2	71.1	60.6	62.5
白银市	54.3	57.4	40.3	34.3
武威市	34.9	42.3	37.0	16.2
张掖市	35.4	37.4	27.5	18.6
平凉市	39.4	48.3	24.8	24.5
庆阳市	57.8	63.4	48.2	47.2
陇南市	35.3	30.6	21.6	22.8
石嘴山市	64.9	64.4	63.0	47.9
克拉玛依市	89.7	89.3	69.6	67.4
全国	48.7	46.8	39.8	37.8

资料来源：《中国城市统计年鉴》及各地区国民经济与社会发展统计公报，2006～2020 年历年版。

结合表3-2可以看出，在2006~2011年这6年间，大多数的西部资源型城市的第二产业比重都超出了全国平均水平，其中，乌海市、宝鸡市、榆林市、石嘴山市的第二产业比重基本介于60%~70%，处于较高水平。此外，克拉玛依、攀枝花、延安这三个城市的第二产业比重都高达70%以上，均为比较成熟的第二产业发展城市，西部地区资源型城市将近一半都为成熟型城市，因此分析得到：2006~2011年，高度依赖于第二产业的发展是西部资源型城市的经济的主要特征。然而在2011年之后，西部地区37个资源型城市的第二产业比重都在降低，呈现出直线式的下降状态，在这一时期，传统的资源依赖型产业结构受到资源束缚与环境要求的双重冲击，各资源型城市开始整合第二产业的内部结构，寻求新的发展动力。

表3-3分别展现了2006年、2011年、2016年、2020年我国37个资源型城市第三产业占地区生产总值的比重。

表3-3　　　　西部资源型城市第三产业占地区生产总值的比重　　　单位：%

城市	2006年三产比重	2011年三产比重	2016年三产比重	2020年三产比重
包头市	42.3	41.9	50.4	54.8
乌海市	35.1	26.0	42.5	34.4
赤峰市	35.7	30.7	37.9	49.2
鄂尔多斯市	39.7	37.3	41.9	39.4
呼伦贝尔市	43.4	36.8	40.0	47.3
百色市	27.3	26.3	30.3	40.7
贺州市	24.6	31.5	37.6	46.7
河池市	32.5	38.8	46.6	50.1
自贡市	34.1	28.5	31.4	45.7
攀枝花市	25.0	20.7	26.1	37.1
泸州市	36.1	25.8	28.9	40.5
广元市	37.9	34.6	37.3	42.5
南充市	33.2	25.8	30.2	42.9
广安市	36.5	29.6	32.6	49.9

续表

城市	2006 年三产比重	2011 年三产比重	2016 年三产比重	2020 年三产比重
达州市	31.2	24.4	36.7	47.4
雅安市	31.7	26.5	32.6	50.0
六盘水市	33.4	32.1	40.2	42.5
安顺市	39.9	45.0	49.9	51.5
曲靖市	27.9	27.9	42.7	44.3
保山市	39.2	36.9	40.4	39.6
昭通市	33.5	32.4	38.3	45.0
丽江市	46.7	41.2	45.7	52.6
临沧市	30.9	29.8	38.1	29.5
铜川市	37.0	28.9	40.4	57.0
宝鸡市	27.8	25.3	27.6	35.6
咸阳市	32.7	27.1	27.3	40.5
渭南市	35.8	31.4	38.5	45.1
延安市	13.7	19.0	36.1	32.8
榆林市	23.8	24.0	33.5	30.8
白银市	33.3	31.4	45.7	45.5
武威市	39.8	33.1	39.6	53.1
张掖市	34.0	34.5	46.9	53.8
平凉市	36.8	31.1	47.2	52.4
庆阳市	25.7	23.8	37.5	39.9
陇南市	36.2	44.1	56.7	59.0
石嘴山市	29.2	29.9	39.6	45.2
克拉玛依市	9.9	9.8	28.4	30.6
全国	39.5	43.1	51.6	54.5

资料来源：《中国城市统计年鉴》及各地区国民经济与社会发展统计公报，2006～2020 年历年版。

结合表 3-3 可以分析到，西部地区大部分资源型城市的第三产业占比仍然较低，且普遍低于全国平均水平，表明第三产业对经济的推动作用在该资源型城市地区的经济增长中不如第二产业。但在 2006～2020 年里，大部分资源型城市的第三产业比重都在逐步增加，表明在西部资源型地区，第二产业已经不再作为拉动经济增长的核心动力，第三产业的日渐壮大推进了传统产业结构的改善。

3.2　西部资源型地区发展中存在的问题

3.2.1　机会平等方面

西部资源型城市发展程度不一，有些处在发展阶段，有些已经进入了资源枯竭状态，所以西部资源型城市在机会平等方面表现出来的问题的层次也就不同。处于发展上升阶段的资源型城市由于产业发展的需要，存在着比较大的劳动力缺口，因此对劳动力资源有着巨大的招聘需求，能够为待业的劳动群体提供广泛的就业机会，使广大的劳动群体在参与当地经济发展过程的同时也获得了发展自身、实现自我价值的平等机会（李颖娟等，2007；葛赞，2012）。相反，西部资源型城市中进入资源枯竭期的城市在机会平等方面的矛盾则更为突出且难以解决（林柯和李晗，2011；辛颖，2014）。特别是，由于矿产资源是不可再生的，当本地的资源被开发到一定程度后，这些资源枯竭的城市的产业内部的劳动力数量开始呈现出供给大于需求的状态，使得资源型产业裁员现象频繁发生，许多劳动力被迫沦为下岗工人，而且这部分失业人员多属于简单劳动者，自身文化素质本就不高，而且，他们长期从事资源的长期开采工作，对新的技术和知识的掌握程度都不高，很难在其他行业找到合适的工作，所以相对其他在岗职工而言丧失了再次就业的平等机会。

3.2.2　效率与公平方面

效率与公平之间的内在关联性要求既要实现经济发展，同时也要努力缩小贫富差距，实现共同富裕。但相比于经济发展水平，西部资源型地区的收入分配水平情况更为糟糕。主要表现在：

（1）资源型地区产业贫富悬殊程度高于非资源型地区。在西部资源型地区，相比于非垄断行业，处于垄断地位的石油、煤炭等资源型产业的行业平均工资水平遥遥领先，这种行业间的收入差异进一步加剧了产业发展的不平等。

（2）城乡之间的收入差距在不断拉大。与普通区域不同，西部资源型地区的城市与乡镇之间存在着对立关系，城乡之间的贫富差距更为突出。矿业资源的开采，不但会给农村劳动力转移、农业增长、农民收入增加等带来冲击，而且还会对矿区生态环境造成严重的破坏，严重地制约着矿区农民的生产、生活，加剧了城市和农村的矛盾，使城乡贫富差距进一步拉大。

3.2.3　成果共享方面

成果共享指一个国家或地区在其发展进程中所产生的一切以其经济发展成果为首要内容的成果，都可以被公平地分享给所有参与到经济发展进程中的所有社会成员。随着资源型产业的发展，各资源型城市体现经济实力的各项指标的生产总值、人均生产总值等都有显著的提升，由于人均收入的逐渐增长，人们开始追求更高的生活质量。同时也随之增加了对基础公共服务的需求。各地方政府在国家产业政策的作用下片面重视经济发展，把工作重心置于提高地区生产总值上，忙于产业结构的调整，以推动资源型城市的经济与产业转型。由此投入了很多的经济建设资金，但对涉及民生问题的基本公共教育、公共就业、社会保障等基本公共服务不够重视，用于基本公共服务上的财政支出并未随着经济的发展与财政收入的增加而随之同步增多，以至于未能及时地执行政府出台的基本公共服务政策，降低了基本公共服务水平。

3.2.4　持续创新方面

持续创新是实现包容性增长与可持续发展的过程，就西部资源型地区而言，其主要功能是向社会提供不可再生资源或耗竭性资源等资源型产品，产品单一化供给和产业间关联度较小的现实特征导致该地区在持续创新层面存在诸多问题（王锋正和郭晓川，2006；朱瑞芳，2019）。

（1）资源供给与生态环境约束。资源型地区因其自身的特殊性，其资源保障与供应将会对其发展造成明显影响。资源有着不可再生性的特点，资源最终会被消耗殆尽，这将对西部资源型地区的经济发展造成难以避免的牵制和影响。而且生态环境这一因素作为资源型地区经济和社会发展的基本所在，被污染破坏的生态环境会直接对该地区的水资源、耕地资源和大气环境等方面造成重大影响，是资源型地区可持续创新的主要制约因素。

（2）经济结构障碍。一个合理的经济结构才能使资源型地区各个要素要达到协调一致。以商业服务业为代表的第三产业应处于现代化地区经济的重要位置。西部资源型地区依靠其资源优势发展起以自然资源为主导的资源型产业。鉴于历史因素，西部资源型地区的经济活力在市场化进程中难以发挥出，这是由于在资源型地区中，我国的国有经济所占比重较多，使该地区持续性创新的经济结构的形成迟滞。

（3）人力资源水平较低。随着知识逐渐成为重要的生产力，知识资源的占有对经济的发展产生了重要的作用。目前，西部资源型地区的人力资源状况并不乐观，主要在于人口素质较低对于区域的经济发展在一定程度上产生了制约。资源型地区主要的特征使得西部资源型地区面临着劳动力素质较低、人才流失严重、人才引进困难、高端人才匮乏等问题，这些对我国西部资源型创新发展存在着阻碍作用。

（4）科学技术改进与创新推动不足。科学技术有助于促进地区经济发展，是地区经济发展的重大因素，地区知识水平、科技实力和创新能力都与地区经济的发展效率紧密相连。作为我国西部资源型地区的主导产业，资源型产业在科技创新上没有展现较为明显的优势，而且与东部沿海地区相比，西部资源型地区在科技创新的发展上依旧落后较多，尤其在于科技的创新推动上，都将不利于该地区的转型与可持续发展。

3.3　本章小结

大部分西部资源型地区产业结构简单、资源趋同、制造业占比不足、第三产业远低于全国平均水平。基于包容性增长视域，本章总结了西部资源型地区发展中主要存在的问题：发展机会不均等、发展效率较低且收入分配不均、发展成果未能普及社会大众、发展中持续创新能力和动力不足。产生这些问题的本质原因是资源型行业主要以垄断的形式存在，收入分配不均，企业多为大型国有企业，转型困难，且长年粗放式开发使得环境遭到严重破坏。同时，资源型城市大多经济结构单一，难以容纳较多的就业人口，使得经济发展迟缓、社会保障不足，人口流失严重，进一步导致人力资源水平偏低和科技进步与创新能力不足。西部资源型地区要实现包容性增长，这些问题亟待解决。

第 4 章

基于包容性增长视域的西部资源型
地区资源、环境、产业评价

4.1　西部资源型地区包容性增长的测度体系构建

4.1.1　包容性增长相关测度方法

如何衡量包容性增长水平已成为国内外学者和研究机构的一个热门课题，学者们也就此提出有很多不同的看法。

有学者通过使用社会机会函数的方法估量了菲律宾家庭机会分配的公平性与包容性增长的相关关系以及包容性增长与时间的关系（Ali and Hyun，2007）。有学者使用了增长贫困弹性，建立了一个经济增长贫困指数来衡量增长的包容性程度（Besley，2007）。麦金利（McKinley，2010）以亚洲发展银行建立的基于国家层面的评估系统为基础，对四项指标进行了评分，并对其进行加权，由此进一步得到包容性增长指数。特里（Terry，2010）建立了包括经济结构、收入平等、人类可行能力、社会保障在内的一系列综合指数。西尔伯等（Silber et al.，2010）在研究中提出了 Bonferroni 曲线，进一步扩展了关于社会函数和福利函数的研究（Ali and Son，2007），并阐释包容性增长不平等在这类工具上的运用。苏瑞亚阿娜（Suryanarayana，2013）

提出了利用消费与收入等级排序、消费收入弹性等指标来衡量一个国家经济发展的包容性程度。

国内学者卢现祥和徐俊武（2012）基于政府效应、部门效应和公共支出三个角度构建了包容性增长测度体系。基于特里（Terry，2010）的研究，于敏（2012）从中国的实际情况出发，从经济增长可持续性、降低贫困与收入差距、参与经济机会公平、享受基本的社会保障四个角度来衡量中国的包容性增长。严斌剑（2013）指出综合 CGE 模型在收入分配、贫困、劳动力市场改革以及贸易自由化等方面已经取得了较多的研究成果，梳理已有相关 CGE – MSA 研究在包容性增长政策分析中的发展情况，厘清 CGE – MSA 的不同分析方法和相关重要问题，为全面发展的政策分析提供参考。郭苏文（2015）采用因子赋权分析方法，对我国 30 个省份的包容性发展水平进行了评价。徐盈之（2015）构建一个衡量中国各区域包容性发展水平的评估指标体系，然后运用"绝对趋同"和"俱乐部趋同"的概念，在空间上对中国的包容性增长进行了实证研究，并运用计量经济学方法对其进行了实证研究。徐强等（2017）采用广义 Bonferroni 曲线和社会容忍度指标对中国的经济发展包容程度进行了测量，采用了面板回归模型对中国包容性增长的影响因子进行了分析，结果显示，农村地区的经济增长不够全面，而城市区域的经济增长则更为包容。

在衡量包容性增长的方式方面，目前有三种主流方式，它们从不同的视角对包容性增长进行了论述。

（1）基于社会机会函数的测度。阿里（Ali，2007）建立基于社会机会功能的指标体系来度量全面增长，并使用社会机会曲线来评价包容性增长，机会曲线沿垂直轴线方向的移动距离以及运动过程中社会成员的机会分布情况都会对地区包容性增长产生影响。

阿里等认为衡量经济增长是否包容，很大程度上依赖于两个因素：人人享有的平均机会、各收入阶层的机会分配情况。如果能够将个人所拥有的机会转移给贫困人口，这种发展将更加具有包容性。基于这个理论，阿里提出一个基于社会机会功能的包容测量方法：

根据个人收入的高低进行排序，即 x_1，x_2，x_3，$\cdots$，x_n，将社会机会函数表示为：

$$O = O(y_1, y_2, y_3, \cdots, y_n) \qquad (4-1)$$

社会机会函数中的自变量 y_i 是收入为 x_i 的第 i 个人所拥有的机会，可定义为获得各种服务，如接受教育、卫生保健、劳工就业等。y_i 的取值范围为 0 ~ 100，当第 i 个人缺失某种机会时，该数值为 0；若第 i 个人得到了某种机会，那么这个数值就是 100。因此，居民人均享有的机会为：

$$\bar{y} = \frac{1}{n} \sum_{i=1}^{n} y_i \qquad (4-2)$$

随着个体的机会越来越多，社会机遇功能也越来越大。虽然经济发展可以提高人口的平均就业机会，但是如果只从经济利益角度来看，这还远远不够。在包容性增长的视野中，经济发展应该把机会分配纳入其中，而不仅是提高每个人的机会，从而力求改善各个群体的机会分配现状。因此，任何由穷人向富人的机会转移都会导致社会机会函数下降是构建社会机会函数的基本原则。

（2）基于指标体系的测度。国内学者徐强、陶侃（2017）借鉴阿里（2007）基于社会机会函数测度包容性增长的方法，将社会包容度指数用于中国包容性增长测度。于敏、王小林（2012）根据当前的经济发展状况，建立了包括四个维度 13 项指标在内的包容性增长度量系统，并根据各个指标的不同权重，从多个角度对中国的包容性增长水平进行度量。邸玉娜（2016）和梁乐颖（2016）认为，经济包容性程度体现在三个层面：生产性就业、可持续发展和机会均等。由此，我们可以通过这三个要素来寻找制约我国经济发展的必要条件，进而选择相应的变量来建立包容性发展指数。还有学者选取了人均 GDP、HDI、贫困发生率、基尼系数指标对包容性增长效果进行分析，并指出，只有当衡量经济增长、人类发展水平、减贫效果、不平衡收入的四这类指标都呈现积极趋势时，地区才能算得上实现了包容性增长，相关指标如表 4-1 所示。

表 4-1   包容性增长指标

一级指标	二级指标	三级指标	指标性质
经济增长的可持续性	资源与环境	单位产出能耗比	逆
		单位产出大气污染	逆
		单位产出污水排放物	逆
	技术进步	研发经费支出占 GDP 比重	正
	就业机会	当年第二、第三产业就业人数比例	正
		失业率	逆
	经济转型	第三产业占 GDP 比重	正
获得平等的机会	健康和营养	预期寿命	正
		每 1000 名活产儿 5 岁以前的儿童死亡率	逆
	教育	初中升学率	正
		人均受教育年限	正
		教育基尼系数	逆
	医疗	每万人拥有的卫生技术人员	逆
		每万人医院和卫生院床位数	逆
降低贫困和收入不平等	收入不平等	基尼系数	逆
		城乡收入比	逆
	贫困	贫困发生率	逆
		居民家庭人均收入	正
社会福利的公平	民生民富	居民家庭人均消费支出	正
		人均住房面积	正
		恩格尔系数	逆
		社会保障金率	正
		每万人拥有公共交通车辆	正
	幸福感	居民消费价格指数	逆
		人均拥有道路面积	正
		公共图书馆	正
		离婚率	逆
		城市人口密度	逆

（3）包容性增长指标体系的测度方法包括客观赋权法和主观赋权法。客观赋权法是以原始资料中的客观资料为基础，经过计算，确定各项指标的权

重。一般采用的方法有主成分分析法、熵值法、灰色关联法等。

①客观赋权法。

a. 主成分分析法。在对某一问题进行全面评估时，往往会碰到如何科学地确定各项指标的权重问题。一般都是通过对各项指标的重要性进行比较，然后再给予其相应的权重，但是，在判定各指标的相对重要性时难以避免主观选择，进而影响其客观性、科学性。主成分分析法是一种以指标的相对重要性为基础，将多维变量分解为若干个综合指数，同时又能使原始信息损失最小的客观赋权法。这些综合指数就是主成分，各个主成分均含有原变量的大多数信息，所含信息不会相互重叠，数据信息更为科学、有效。

构建包容性指数的步骤包括：

第一步，由原始数据得到矩阵 $X = (X_{ij})_{i \times j}$，$X_{ij}$ 表示第 i 个省份的第 j 项指标数据，同时完成数据标准化；

第二步，利用标准化的数据矩阵，计算各变量之间的相关系数 R_{ij}（i，$j = 1, 2, \cdots, p$），$R_{ij} = \dfrac{\sum\limits_{k=1}^{n} (X_{kj} - X_i)^2 (X_{kj} - X_j)}{\sqrt{\sum\limits_{k=1}^{n} (X_{kj} - X_i)^2 (X_{kj} - X_j)^2}}$，并构造协方差矩阵 $R = \begin{bmatrix} R_{11} & \cdots & R_{1p} \\ \cdots & \cdots & \cdots \\ R_{p1} & \cdots & R_{pp} \end{bmatrix}$。

第三步，根据协方差矩阵解特征方程 $|\lambda_i - R| = 0$，求出特征值 λ_i，计算主成分方差贡献率 $w_i = \dfrac{\lambda_i}{\sum\limits_{i=1}^{p} \lambda_i}$，由累计方差贡献率确定主成分个数 m；

第四步，计算各主成分综合得分 $F = \sum\limits_{i=1}^{m} w_i \times z_i$，以此作为整体指标框架的包容指数。

b. 熵值法。在所有方面，生存，能力，发展，自由和机会都是实现全面发展的关键，所以，本书在五个方面给予了同等的权重，然后利用熵值法，对各个方面的子系统指标进行权重计算，最后加权得出了包容性成长值。一般来说，信息熵越低，其所能提供的信息越多，其权重也就越高；相反，指数权重随信息熵的增加而降低。具体计算步骤为：

第一步，对原始数据进行标准化处理，正、逆向指标标准化处理公式分别为：$x_{ij}^* = \dfrac{x_{ij} - \min(x_{ij})}{\max(x_{ij}) - \min(x_{ij})}$，$x_{ij}^* = \dfrac{\max(x_{ij}) - x_{ij}}{\max(x_{ij}) - \min(x_{ij})}$；

第二步，计算第 i 个省市第 j 项指标值的比重：$Y_{ij} = \dfrac{x_{ij}^*}{\sum\limits_{i=1}^{m} x_{ij}^*}$；

第三步，计算指标信息熵：$e_j = -k \sum\limits_{i=1}^{m} (Y_{ij} \times \ln Y_{ij})$；

第四步，计算信息熵冗余度：$d_j = 1 - e_j$；

第五步，计算指标权重：$w_i = \dfrac{d_j}{\sum\limits_{j=1}^{n} d_j}$；

第六步，计算单指标评价得分：$S_{ij} = w_i \times x_{ij}^*$。

c. 灰色关联分析法。在两个体系中，各个要素之间的相互关系，或者是在不同的物体之间不断地发生着变化，这就是关联。在整个体系发展过程中，当两种因子的变化趋向一致时，即同步的变化幅度越大，说明两者的相关性越强，反之越小。灰色关联度是指用同一或不同程度的影响因子的相关性，又被称为灰色关联度。其计算步骤为：

第一步，变量的标准化处理；

第二步，确定分析数列 $\{X_0(j)\}$，$j = 1, 2, \cdots, n$；

第三步，计算比较数列与分析数列相对应指标值之差，即差数列 $|\Delta_j(j)| = |X_0'(j) - X_i'(j)|$，$\Delta_i(j)$ 表示第 i 个评价对象第 j 个指标数据与分析数列数据的绝对差；

第四步，计算关联系数：$\gamma_i(j) = \dfrac{\min\limits_{1 \leqslant i \leqslant m} \min\limits_{1 \leqslant j \leqslant n} \{\Delta_i(j)\} + \rho \max\limits_{1 \leqslant i \leqslant m} \max\limits_{1 \leqslant j \leqslant n} \{\Delta_i(j)\}}{\Delta_i(j) + \rho \max\limits_{1 \leqslant i \leqslant m} \max\limits_{1 \leqslant j \leqslant n} \{\Delta_i(j)\}}$，

其中，$\min\limits_{1 \leqslant i \leqslant m} \min\limits_{1 \leqslant j \leqslant n} \{\Delta_i(j)\}$ 为取各样本各指标差数列的最小值，$\max\limits_{1 \leqslant i \leqslant m} \max\limits_{1 \leqslant j \leqslant n} \{\Delta_i(j)\}$ 即取各样本各指标差数列的最大值，ρ 为分辨系数。

第五步，计算第 i 个样本的灰色关联度：$\gamma_i = \sum_{j=1}^{n} w_j \gamma_i(j)$，其中，$w_j$ 表示第 j 个指标的归一化权重系数。这是因为各指标在综合评价中的作用存在较大差异，所以需要对各个指标的相关系数进行赋权，最后得出各个指标之间的灰色关联度。

第六步，综合评价排序。通过相关系数，确定各评估对象的灰关联度，并按其大小次序排列。灰色关联度越高，代表其包容性经济发展水平越高，反之越低。

②主观赋权法。

a. 层次分析法。层次分析法（AHP）是将定性与定量相结合，在评估多属性目标系统的指标权重方面具有一定的优越性。采用该方法确定指标的权重时，首先要建立分级体系，将复杂的体系分解为多个等级，再采用比较法的方式来确定其权重。然后，通过建立目标层、准则层和指标层的层次分析结构模型，根据给定的尺度构造判断矩阵，最终确定判断矩阵的特征矢量，并将其归一化，最终确定各因素的权重。

b. 德尔菲法。德尔菲法则是通过背对背地交流以及征求专家们的意见——在经过多次讨论之后，他们的观点会更加集中——最终得出一个与市场走势相符的结论。德尔菲法要求各专家匿名发表意见，在调查过程中，各小组人员不能进行讨论，也不能有横向的联系，只允许与调查者有联系，具体通过不断地填写调查表，收集调查者的意见。这是一种可用于团队交流流程构造、应对处理复杂工作的管理技术。

（4）基于要素不平等的测度。任何一个市场经济国家都会存在一定的不平等，这是因为在市场"无形的手"支配下，资源会自动流向效率高、收益高的部门，实现优胜劣汰。但当不平等程度超出某一限度时，因收入不平等而影响到其他领域，就会对经济和社会产生不利的影响，影响到经济的长远、可持续、稳定发展，所以，还需要政府这只"看得见的手"来矫正不公平的扩大。

由于对连续和离散数据的处理方法的差异，指标的预处理是衡量不均衡的基础。在微观研究中，离散数据格式占据了很大比例，而单一因素不均指标通常是连续的，而且由于调查的方式不同，导致了数据的不一致，因此必须对离散的数据进行近似连续化。本书以 SAH 指数作为例子，该方法对不连续的其他数据也适用。

假设 SAH 指数的取值范围为 1，…，m，即有序 probit 模型为：

$$y_i = j, \mu_{j-1} < y_i^* < \mu_j, j = 1, 2, \cdots, m \qquad (4-3)$$

其中，$\mu_0 = -\infty$，$\mu_j \leqslant \mu_{j+1}$，$\mu_m = \infty$。$y_i^*$ 是有序分类变量 y_i 背后的潜在连续变量，是由社会经济变量、人口学特征变量（向量）X 决定的，即

$$y_i^* = x_i\beta + \varepsilon_i, \varepsilon_i \sim N(0,1) \qquad (4-4)$$

可以根据不同分布假设采用不同的关联函数。这里假定残差项服从正态分布，因此 y_j 取值为 j 的概率为 $p_{ij} = p(y_i = j) = \Phi(\mu_j - x_i\beta) - \Phi(\mu_{j-1} - x_i\beta)$。其中，$\Phi(\cdot)$ 为标准正态分布的累积密度函数。基于个体独立性假设，有序 probit 模型的对数似然函数为：

$$\log L = \sum_i \sum_j y_{ij} \log p_{ij} \qquad (4-5)$$

当 $y_i = j$ 时，$y_{ij} = 1$；否则，$y_{ij} = 0$。通过最大似然估计得到 β 和 μ_j 的估计值。线性预测值 $y_i^* = x_i\beta$ 可以代表个体健康状况，如此得到 y_i^* 的取值范围是（$-\infty$，∞）。可以根据研究的需要，将其转换至［0，1］区间，其中，SAH_i 代表每个人调整成连续变量的自评健康分值，即

$$SAH_i = \frac{y_i^* - \min(y_i^*)}{\max(y_i^*) - \min(y_i^*)} \qquad (4-6)$$

本书以各种产业获得公平发展的社会机会、多种产业并存，政府政策的扶持，克服各种要素不平衡的困难，因地制宜地发展各种产业，杜绝飞来产业，以当地的各种自然资源禀赋、人文和社会环境来支撑各类产业的发展，以此构建西部资源型地区的包容性增长体系。

4.1.2　西部资源型地区包容性增长测度体系构建

（1）构建原则。全面、科学地评估我国经济发展的基本条件是要构建一套科学完善的指标体系，并对指标的选取提出了更高的要求。在建立评估系统时，必须遵守一些基本原则。

①科学性与可行性。依据现实发展情况，选取相关指标，采用定量与定性相结合的方式，对各地区的包容程度进行全面的测量。同时，要注意方法的规范性、数据的可获得性以及指标的量化难度，尽可能地从已公布的统计资料中获得数据。

②系统性与层次性。包容性增长的内涵十分丰富，涵盖了经济社会的各个层面。评估包容性水平是一个复杂的过程，所建立的指标体系应当考虑到整个系统，同时评估包容的经济增长水平是多层面、多领域的，指标选择需具有系统性，同时又相互关联，并有分明的体系层次，通过选取合适的授权方法，对各指标进行权重计算，保证各层级指标具有逻辑性和客观性。

③动态性与差别性。实现包容性增长是一个通过高质量、高效率的经济增长促进社会包容的良性循环，并使经济发展的结果得到合理分享，因此，选择的评价指标体系应该能够兼顾各地区的差异性，并能与地区实际发展相适应。

（2）包容性增长测度指标体系。包容性增长水平的评价并非单方面的，它涉及经济增长、机会平等、成果共享、可持续发展等诸多领域。因此，本书分别从经济增长、机会平等、成果共享、可持续发展和资源环境五个维度构建包容性增长水平的评价指标体系（见表4-2）。

指标体系的解释如下：

①经济增长。可持续的经济发展使社会群体有机会参加经济活动，为合理分享经济成果、减少贫困和促进社会包容创造了必要条件。本书以考虑人口因素的人均GDP和反映地区整体经济变化的GDP年增长率作为衡量经济增长的指标。

表 4 - 2　　　　　　　　　西部资源型地区包容性增长测度指标

	一级指标	二级指标	三级指标	指标性质
西部资源型地区包容性增长测度	经济增长	经济	人均 GDP	正
			GDP 年增长率	正
	机会平等	医疗	每万人口医疗卫生机构床位数	正
			每万人口拥有的医疗技术人员	正
		教育	平均每万人员在校学生数	正
			人均受教育年限	正
		就业	城镇登记失业率	逆
	成果共享	收入分配	城乡居民基尼系数	逆
			恩格尔系数	逆
		社会保障	社会保障率	正
			公共财政支出比例	正
	可持续发展	技术进步	研发经费占 GDP 比重	正
			全社会固定资产投资	正
		产业结构	第三产业与第二产业产值比	正
	资源环境	资源禀赋	人均水资源	正
			煤炭消耗量	正
		环境治理	空气质量优良天数	正
			工业污染治理完成投资	正
			废弃物利用率	正
			森林覆盖率	正

②机会平等。可持续的经济发展使社会成员有机会参加经济活动，有能力享有权利，有平等的发展，为各行各业提供充分发展的机会。本项目以每万人口的医疗机构的病床数量和每万人医疗技术人员为指标，以每万人的平均在校人数和人均受教育年为指标，以城镇居民的登记失业率为指标。

③成果共享。包容性增长旨在使经济发展的成果得到合理分享。本书从社会保障与收入分配两个角度，选择了衡量成果共享水平的指标。社会保障的主要功能是作为社会运作的减震工具，而收入分配则是反映人民对生活的满意度。本书以社会保障率、公共财政支出比例作为社会保障的衡量指标，以城乡居民基尼系数和恩格尔系数作为收入分配的衡量指标。

④可持续发展。包容性增长是指经济、社会、环境的协同发展，因此，本书从技术进步和产业结构两个方面衡量地区发展情况。研发活动是区域内提高自主创新能力的主要手段，研发经费的比重越高，代表地区创新能力越强，经济发展越有潜力；全社会固定资产投资可以表示经济发展和社会建设的速率；第三产业和第二产业的产出比率反映了一个区域的工业结构的高级程度。本书选取研发经费支出占 GDP 比重、全社会固定资产投资额作为技术进步的衡量指标，选取第三产业与第二产业产值比作为产业结构的衡量指标。

⑤资源环境。要实现社会的协调、稳定和可持续发展，就必须坚持人与自然的协调发展。包容发展观念更多地注重于环境资源对人的生活质量的影响，而不只是基于经济，这与全面发展的内涵相一致。本书采用人均水资源和煤炭消耗量强调水资源、矿产资源的资源禀赋优势，同时用空气质量优良天数、工业污染治理完成投资、废弃物利用率和森林覆盖率来反映环境污染治理情况，凸显西部资源型地区独特的资源环境优势以及环境污染治理压力。

4.1.3　西部资源型地区包容性增长测度模型构建

确定指标权重是多层次评价体系的关键。为降低赋权时的主观性，使评价结果更加公正、更加可信，本书运用熵值法对各指标的相对变动度进行加权。首先，对数据进行标准化处理，避免指标间的量纲和单位的影响。正、负向指标的标准化计算公式分别为：

$$u_{ij}^* = \frac{u_{ij} - \min u_{ij}}{\max u_{ij} - \min u_{ij}} \tag{4-7}$$

$$u_{ij}^* = \frac{\max u_{ij} - u_{ij}}{\max u_{ij} - \min u_{ij}} \tag{4-8}$$

其中，u_{ij} 为第 i 个序参量的第 j 个指标原始数据值，$\max u_{ij}$ 和 $\min u_{ij}$ 分别表示其最大值与最小值，u_{ij}^* 即为第 i 个序参量的第 j 个指标的归一值。

根据第 i 个系统在第 j 个指标中的比重确定指标权重，计算公式如下：

$$p_{ij} = -\frac{u_{ij}^*}{\sum_{i=1}^{n} u_{ij}^*} \tag{4-9}$$

第 j 个指标的熵值 e_j 计算公式如下：

$$e_j = -\frac{1}{\ln(n) \sum_{i=1}^{n} p_{ij}\ln p_{ij}} \tag{4-10}$$

利用差异系数表示权重，差异系数 w_j 计算公式如下：

$$w_j = \frac{1 - e_j}{m - \sum_{i=1}^{m} e_j} \tag{4-11}$$

其中，m 为评价指标个数。

最后，即可得到地区包容性增长综合得分 S_j 为：

$$S_j = w_j \times u_{ij}^* \tag{4-12}$$

4.2　西部资源型地区综合评价

西部大部分资源型城市面临资源枯竭和环境保护，矿山和工厂面临关闭或即将关闭的风险，直接影响资源地区人民的生活水平，社会矛盾凸显。在高质量发展阶段，资源型城市面临环境保护和产业转型难题。资源型城市结构分为刚性和柔性两大类，刚性社会结构主要指整个社会过度依赖于矿产资源的开采、加工和销售，而资源量有限，最终面临"矿衰城衰"的困境；柔性社会结构指社会不过度依赖矿产资源的开采、加工和销售，矿产资源利用对社会经济起补充作用，而不是决定作用，利用当地的各种资源成功转型较为容易。所以，西部资源型地区包容性增长分析首先从社会结构开始。

4.2.1　西部资源型地区经济社会评价

经过近十年的发展，西部资源型地区在国家的支持下，积极开展对外合作，经过不懈努力，地区经济增长步伐明显加快，经济发展质量明显增强，城乡面貌均发生了重大改变，进入经济高质量发展的关键时期。从地区生产总值，GDP 增长速度衡量经济运行总况，从第二产业占总产值比和第三产业占总产值比来考虑产业结构、从人均 GDP 来衡量居民收入消费和以第三产业就业人数占比和一般工业固体废物利用率来衡量社会发展四个方面综合评价西部资源型地区的经济社会发展。

西部资源型地区经济实现平稳快速增长，据统计，2020 年西部 37 个资源型地区生产总值达到 49576 亿元，GDP 年增长率为 6.9%，其中，贺州市生产总值年增长率超过 10%；人均 GDP 达到 53037 元，其中，鄂尔多斯市、榆林市、克拉玛依市人均 GDP 超过十万元，分别为 173069 元、120908 元、188857 元（见图 4 − 1）。

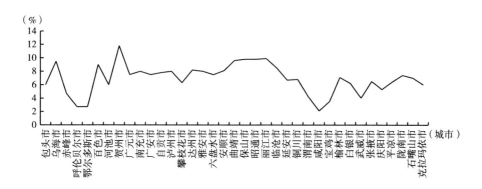

图 4 − 1　西部资源型地区 GDP 增长率

资料来源：《中国城市统计年鉴》及各地区国民经济与社会发展统计公报。

从第二产业占地区总产值比和第三产业占地区总产值比可以得出西部资源型地区的产业结构的调整变化——第二产业呈现出直线下降的趋势，第三产业正在逐渐壮大。截至 2020 年，已有 1/3 的资源型城市第三产业占总产值比重已经超过百分之五十，如包头市、武威市、张掖市、陇南市等。

在 37 个资源型地区中，除了克拉玛依市之外，所有地区第三产业就业人员比重都超过了总结业人数的 50%，可见西部资源型地区第三产业正在稳步发展，并且逐步扩大范围（见图 4 – 2）。

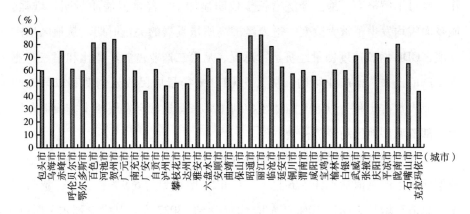

图 4 – 2　第三产业就业人员比重

资料来源：《中国城市统计年鉴》及各地区国民经济与社会发展统计公报。

据统计，西部资源型地区一般工业固体废物利用率正在上升，大部分地区利用率达到 70% 以上，自贡市、泸州市、渭南市、克拉玛依市达到 95% 以上，而攀枝花市和陇南市处于 10% ~ 20% 之间。

由于西部资源型地区包含 37 个，本书将我国资源区域划分为成长性资源地区、成熟资源地区、衰退资源区域、再生资源区域，而再生型资源地区不在本书的研究之列。选取成长型、成熟型、衰退型的典型地区进行深入研究，根据数据可得，社会结构和产业结构由多种因素决定。选取攀枝花地区作为成熟型资源型地区的典型代表，选取玉门地区作为衰退型资源型地区的典型代表，选取六盘水地区作为成长型资源型地区的典型代表。

（1）成熟型资源型地区经济社会评价——以攀枝花市为例。收集攀枝花地区 2008 ~ 2019 年相关面板数据，分析该地区经济发展水平。攀枝花市近 12 年来的国内生产总值呈现先增后减的总体趋势，2018 年以前 GDP 呈现稳步上升的增长形势，而在 2019 年经济总量有些微下降（图 4 – 3）。GDP 增速从 2011 年开始逐年减少，2019 年的 GDP 增速为 6.3%（图 4-4）。攀枝花市在 2009 年以后城镇居民和农村居民的可支配收入增速呈现出先增后减，最后趋于平缓的趋势。相比于农村居民，城镇居民可支配收入增长速度较低。农村居民，城镇居民的可支配收入增长速度波动幅度较大，分别在 2011 年达到最高增速 21.2%，在 2009 年达到最低增速 8.2%，农村居民可支配收入在 2015 年以后增速稳定在 9% 左右（见图 4-5）。

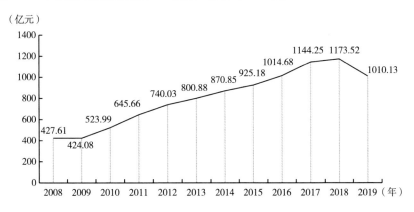

图 4-3　攀枝花 GDP 总量

资料来源：《攀枝花市统计年鉴》，2008~2019 年历年版。

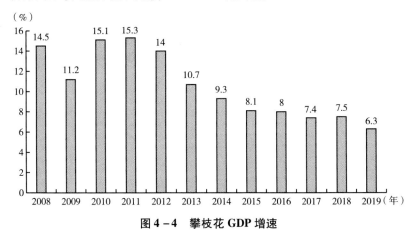

图 4-4　攀枝花 GDP 增速

资料来源：《攀枝花市统计年鉴》，2008~2019 年历年版。

（2）成长型资源型地区经济社会评价——以六盘水市为例。收集六盘水地区 2008~2019 年相关面板数据，分析该地区经济发展水平。六盘水市近

图 4-5　攀枝花市城镇居民与农村居民可支配收入增长速度

资料来源:《攀枝花市统计年鉴》, 2008～2019 年历年版。

12 年来的国内生产总值呈现先增后减的总体趋势, 2018 年以前 GDP 呈现稳步上升的增长形势, 而在最近两年经济总量有些微下降, GDP 增速从 2017 年开始逐年减少。六盘水市在 2008～2019 年这 12 年来, 城乡居民可支配收入先增加后减少, 最后趋于稳定。相比于农村居民, 城镇居民可支配收入整体偏低, 且增长速度波动更大, 分别在 2011 年达到最高增速 17.6%, 在 2013 年达到最低增速 4.5%, 农村居民可支配收入近 12 年增速呈现出先增后减最后趋于平稳的形势 (见图 4-6、图 4-7、图 4-8)。

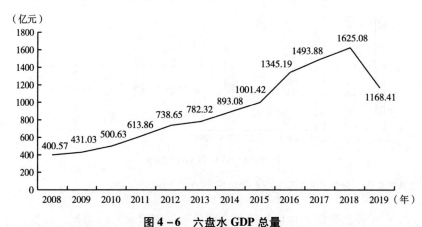

图 4-6　六盘水 GDP 总量

资料来源:《六盘水市统计年鉴》, 2008～2019 年历年版。

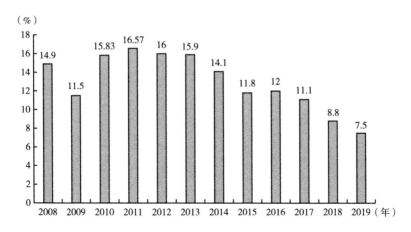

图 4 - 7　六盘水 GDP 增速

资料来源：《六盘水市统计年鉴》，2008~2019 年历年版。

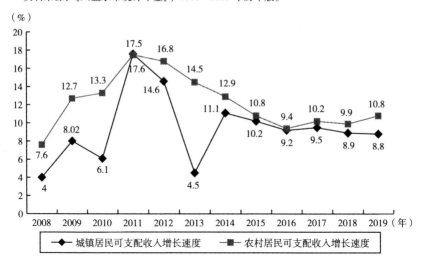

图 4 - 8　六盘水市城镇居民与农村居民可支配收入增长速度

资料来源：《六盘水市统计年鉴》，2008~2019 年历年版。

（3）衰退型资源型地区经济社会评价——以玉门市为例。收集玉门地区 2008~2015 年相关面板数据，分析该地区经济发展水平。依托于当地丰富的石油资源，2013 年以前生产总值与增速呈现上升的形势，但是，由于资源损耗造成的环境衰竭大于由资源使用带来的经济增长，玉门地区在 2013~2015 年经济总量与增速下降（见图 4 - 9、图 4 - 10、图 4 - 11）。

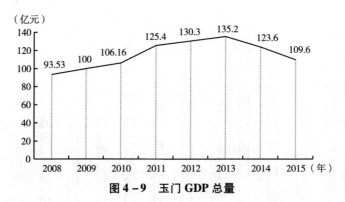

图 4-9 玉门 GDP 总量

资料来源：《玉门市统计年鉴》，2008～2019 年历年版。

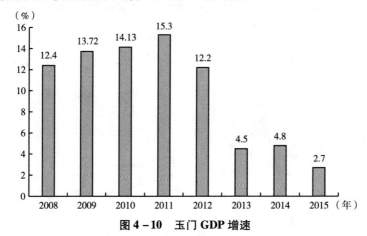

图 4-10 玉门 GDP 增速

资料来源：《玉门市统计年鉴》，2008～2019 年历年版。

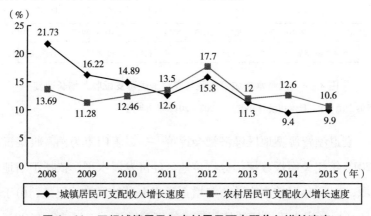

图 4-11 玉门城镇居民与农村居民可支配收入增长速度

资料来源：《玉门市统计年鉴》，2008～2019 年历年版。

4.2.2　西部资源型地区资源环境承载力评价

本章从矿产资源承载力和地下水资源承载力两个方面，基于综合指数法构建评价指标体系，对我国西部资源型地区资源环境承载力做出评价。

西部资源型地区资源环境承载力整体上正在加强，经济发展与资源环境的协调度正在逐步好转。西部资源型地区矿产资源十分丰富，在一定程度上促进了西部资源型地区的经济发展。但是经过对现有矿产资源环境承载力和使用年限的计算预测，已有部分资源型地区矿产资源超载利用，西部资源型地区单位 GDP 能耗值都非常高，排名都很靠前，造成能耗值高的原因在于西部资源型区域的相关产业链条比较短、产品结构比较单一、能源利用率较低。高能耗、低效率式的粗放型经济发展方式对西部资源型地区的环境造成了严重的不良影响，也日益制约着西部资源型地区的经济发展。要实现可持续发展，就必须加强对矿产资源的合理开发与规划，确保矿产资源的可持续利用。

（1）成熟型资源型地区资源环境承载力评价——以攀枝花市为例。

①攀枝花市矿产资源承载力评价。

a. 矿产资源承载能力本底评价。根据《资源环境承载能力评价技术指南（试行）》，以攀枝花市为评价单元，以铁矿、钛、钒、镍、煤炭为评价的矿种，对攀枝花市矿产资源承载本底评价进行整体评价。根据《国土资源环境承载力评价技术要求（试行）》中矿产资源承载本底高（≥4%）、较高［3%，4%）、中［0.4%，3%）、较低［0.1%，0.4%）和低（≤0.1%）的分级标准，攀枝花市矿产资源在四川省的资源可利用占比情况如表 4 - 3 所示。

b. 矿产资源承载能力状态评价。以攀枝花市为评价单元，选取铁矿、钛、钒、镍、煤炭作为评价因子。根据构建的指标体系，提取各指标值，计算可得攀枝花市矿业开发指数。参照《国土资源环境承载力评价技术要求（试行）》，本书对矿产资源承载状态评价分级标准进行了调整，调整后的标准如表 4 - 4 所示。

表4-3   攀枝花市矿产资源可利用占比情况

评价年份	指标	铁矿	钒矿	钛矿	煤炭
2019	保有资源储量（万吨）	652317.21	892.76	42583.92	65398.54
	资源可利用占四川省的比（%）	70.35	90.68	86.39	13.64
	承载本底	高	高	高	高
2017	保有资源储量（万吨）	654598.48	1000.45	43236.76	66089.62
	资源可利用占四川省的比（%）	71.31	93.32	88.11	13.98
	承载本底	高	高	高	高
2015	保有资源储量（万吨）	659718.56	1011.59	43594.69	66333.99
	资源可利用占四川省的比（%）	68.49	91.54	86.54	12.76
	承载本底	高	高	高	高
2012	保有资源储量（万吨）	651158	990.07	41329.25	32239.50
	资源可利用占四川省的比（%）	58.24	0.9242	89.65	6.58
	承载本底	高	高	高	高
2008	保有资源储量（万吨）	666714	1030.95	42201.36	35893.50
	资源可利用占四川省的比（%）	61.09	0.9064	88.86	7.92
	承载本底	高	高	高	高

资料来源：《攀枝花市统计年鉴》，2008~2019年历年版。

表4-4   调整后的矿产资源承载状态评价分级标准

评价年份	评价因子	矿业开发指数	承载状态分级
2019	铁矿	60.67	均衡
	钛	65.39	均衡
	钒	75.83	均衡
	镍	73.40	均衡
	煤炭	70.28	均衡
2017	铁矿	62.89	均衡
	钛	68.74	均衡
	钒	79.85	均衡
	镍	78.17	均衡
	煤炭	74.93	均衡

续表

评价年份	评价因子	矿业开发指数	承载状态分级
2015	铁矿	65.44	均衡
	钛	80.75	盈余
	钒	81.84	盈余
	镍	74.29	均衡
	煤炭	75.12	均衡
2012	铁矿	67.68	均衡
	钛	81.32	盈余
	钒	81.40	盈余
	镍	73.19	均衡
	煤炭	77.77	均衡
2008	铁矿	88.35	盈余
	钛	78.08	均衡
	钒	81.67	盈余
	镍	71.19	均衡
	煤炭	76.28	均衡

资料来源:《攀枝花市统计年鉴》，2008~2019年历年版。

②攀枝花市地下水资源承载力评价。

a. 地下水资源承载能力本底评价。单井出水量与地层岩性、地形地貌有很大的关系，使用平均布井法计算攀枝花市地下水可开采资源量如表4-5所示。

表4-5　　　　　　　　　地下水资源承载能力本底评价

评价年份	地下水开采量（万立方米）
2019	275921
2017	211708
2015	63356.7
2012	62085
2008	59308

资料来源:《攀枝花市统计年鉴》，2008~2019年历年版。

b. 地下水资源承载能力状态评价。通过对地下水开采的分析，可以将其划分为三类（见表4-6）。

表4-6 攀枝花市承载状态评价分级标准（地下水开采程度）

等级	I级（好）	II级（中）	III级（差）
地下水开采程度（%）	[0, 70]	(70, 100]	>100

资料来源：《攀枝花市统计年鉴》，2008～2019年历年版。

攀枝花市地下水开采程度评价结果如表4-7所示。

表4-7 攀枝花市地下水开采程度评价结果

评价年份	地下水开采程度	评价等级
2019	0.227	I级（好）
2017	0.216	I级（好）
2015	0.201	I级（好）
2012	0.198	I级（好）
2008	0.174	I级（好）

资料来源：《攀枝花市统计年鉴》，2008～2019年历年版。

根据计算结果，将评价地区的地下水污染点占比分为三个等级状态（见表4-8）。

表4-8 承载状态评价分级标准（地下水污染点占比）

等级	I级（好）	II级（中）	III级（差）
地下水污染点占比（%）	0	(0, 30]	>30

资料来源：《攀枝花市统计年鉴》，2008～2019年历年版。

攀枝花市地下水污染点占比评价结果如表4-9所示。

表4-9 攀枝花市地下水污染点占比评价结果

评价年份	地下水水质监测点总数/水样点	劣质点数	地下水污染点占比（%）	评价等级
2019	940	387	41.2	III级（差）
2017	900	400	44.4	III级（差）

续表

评价年份	地下水水质监测 点总数/水样点	劣质点数	地下水污染 点占比（%）	评价等级
2015	900	430	47.7	Ⅲ级（差）
2012	850	442	52.0	Ⅲ级（差）
2008	830	480	57.9	Ⅲ级（差）

资料来源：《攀枝花市统计年鉴》，2008~2019 年历年版。

综合 2008~2019 年以上关于攀枝花市的资源环境承载力评价结果可以发现，从矿产资源承载力结果来看，该市以铁矿、钒矿、钛矿、煤炭为代表的矿产资源的承载本底均处于非常高的水平，且根据矿产资源承载状态分级标准，其主要矿产资源的矿业开发指数（Mining Development Index，MDI）均大于 60，处于大部分均衡、小部分盈余的承载状态等级，表明该市的矿产资源承载能力较强；从地下水资源承载力结果来看，该市地下水的开采量较大，呈现逐年增加的趋势，水资源承载本底较高，且根据地下水资源承载状态分级标准，地下水开采程度均处于Ⅰ级（好），地下水污染点占比逐年减少，但整体仍处于较高的比例，一直处于Ⅲ级（差），表明该市的地下水资源承载能力整体较强，但仍然存在水污染现象，因此应继续加大水污染的防治，以此为相关资源型产业的发展创造良好的基础条件。

成熟型资源型地区矿产资源本底处于非常高的水平，矿业开采多处于大部分均衡、小部分盈余的承载等级状态，地区矿产资源承载力较强；地区地下水承载本底较高，承载能力整体较强，地下水开采程度处于较好等级，但地下水污染较为严重，该类地区应该加大水污染治理。

（2）成长型资源型地区资源环境承载力评价——以六盘水市为例。

① 六盘水市矿产资源承载力评价。

a. 矿产资源承载能力本底评价。根据《资源环境承载能力评价技术指南（试行）》，以六盘水市为评价单元，以煤炭、铅、锌为评价的矿种，对六盘水市矿产资源承载本底评价进行整体评价。根据《国土资源环境承载力评价技术要求（试行）》中矿产资源承载本底高（≥4%）、较高［3%，4%）、中［0.4%，3%）、较低［0.1%，0.4%）和低（≤0.1%）的分级标准，六盘水市矿产资源在贵州省的资源可利用占比情况如表 4 – 10 所示。

表 4 – 10　　　　　　　　　六盘水市矿产资源可利用占比情况

评价年份	指标	煤炭	铅锌矿
2019	保有资源储量（万吨）	2225304.69	33.78
	资源可利用占四川省的比（%）	82.72	38.59
	承载本底	高	高
2016	保有资源储量（万吨）	2236348.59	33.54
	资源可利用占四川省的比（%）	85.21	40.52
	承载本底	高	高
2013	保有资源储量（万吨）	2235734.62	34.65
	资源可利用占四川省的比（%）	84.36	40.48
	承载本底	高	高
2010	保有资源储量（万吨）	2243875.47	34.76
	资源可利用占四川省的比（%）	83.74	41.03
	承载本底	高	高

资料来源：《六盘水市统计年鉴》，2008 ~ 2019 年历年版。

　　b. 矿产资源承载能力状态评价。以六盘水市为评价单元，选取煤炭、铅锌矿作为评价因子。根据构建的指标体系，提取各指标值，计算可得六盘水市矿业开发指数。参照《国土资源环境承载力评价技术要求（试行）》，本书根据实际情况对矿山资源承载状况的评价等级进行了调整，调整后的标准如表 4 – 11 所示。

表 4 – 11　　　　　　　调整后的矿产资源承载状态评价分级标准

评价年份	评价因子	矿业开发指数	承载状态分级
2019	煤炭	69.85	均衡
	铅锌矿	57.82	超载
2016	煤炭	59.81	超载
	铅锌矿	59.73	超载

评价年份	评价因子	矿业开发指数	承载状态分级
2013	煤炭	67.58	均衡
	铅锌矿	61.23	均衡
2010	煤炭	69.94	均衡
	铅锌矿	60.43	均衡

资料来源：《六盘水市统计年鉴》，2008~2019年历年版。

②六盘水市地下水资源承载力评价。

a. 地下水资源承载能力本底评价。单井出水量与地层岩性、地形地貌有很大的关系，使用平均布井法计算六盘水市地下水可开采资源量如表4-12所示。

表4-12　　　　　　　地下水资源承载能力本底评价

评价年份	地下水开采量（万立方米）
2019	149632.4
2016	137814.2
2013	116305.7
2010	98659.3

资料来源：《六盘水市统计年鉴》，2008~2019年历年版。

b. 地下水资源承载能力状态评价

根据计算结果，可将地下水开采程度分为三个等级状态（见表4-13）。

表4-13　　　六盘水市承载状态评价分级标准（地下水开采程度）

等级	Ⅰ级（好）	Ⅱ级（中）	Ⅲ级（差）
地下水开采程度（%）	[0, 70]	(70, 100]	>100

资料来源：《六盘水市统计年鉴》，2008~2019年历年版。

六盘水市地下水开采程度评价结果如表4-14所示。根据计算结果将评价地区的地下水污染点占比分为三个等级状态（见表4-15）。

表 4 – 14   六盘水市地下水开采程度评价结果

年份	地下水开采程度	评价等级
2019	0.801	Ⅱ级（中）
2016	0.784	Ⅱ级（中）
2013	0.678	Ⅰ级（好）
2010	0.586	Ⅰ级（好）

资料来源：《六盘水市统计年鉴》，2008～2019 年历年版。

表 4 – 15   承载状态评价分级标准（地下水污染点占比）

等级	Ⅰ级（好）	Ⅱ级（中）	Ⅲ级（差）
地下水污染点占比（%）	0	(0，30]	>30

资料来源：《六盘水市统计年鉴》，2008～2019 年历年版。

六盘水市地下水污染占比评价结果如表 4 – 16 所示。

表 4 – 16   六盘水市地下水污染点占比评价结果

评价年份	地下水水质监测点总数/水样点	劣质点数	地下水污染点占比（%）	评价等级
2019	214	68	31.8	Ⅲ级（差）
2016	180	70	38.9	Ⅲ级（差）
2013	170	76	44.7	Ⅲ级（差）
2010	150	80	53.3	Ⅲ级（差）

资料来源：《六盘水市统计年鉴》，2008～2019 年历年版。

综合 2010～2019 年以上关于六盘水市的资源环境承载力评价结果可以发现，从矿产资源承载力结果来看，该市以煤炭、铅锌矿为代表的矿产资源的承载本底均处于普遍较高的水平，其中，煤炭的承载本底相对更高，且根据矿产资源承载状态分级标准，其主要矿产资源的矿业开发指数均在 [50，70] 中，处于前期均衡、后期微超载的承载状态等级，表明该市的矿产资源承载能力处于中等水平；从地下水资源承载力结果来看，该市地下水的开采量比较大，呈现逐年稳步增加的趋势，水资源承载本底较高，且根据地下水资源承载状态分级标准，地下水开采程度由Ⅰ级（好）过渡到Ⅱ级（中），地下水污染点占比逐年减少且比例下降明显，虽仍然一直处于Ⅲ级（差），但有向Ⅱ级（中）过渡的趋势，表明该市的地下水资源承载能力整体较强，且水污染情况有所减轻，应在继续保持水资源环境治理的基础上，立足于矿产资源的现实情况，提高资源利用效率，通过改善矿产资源微超载的状态来促进该市以煤炭为首的资源型产业转型发展。

成长型资源型地区矿产资源承载本底处于较高水平，矿业开发处于前期均衡、后期微超载状态，矿产资源承载能力处于中等水平；地区水资源承载本底较高，水资源承载能力整体较强，且水污染情况逐年减轻。成长型地区应保持水资源环境治理基础，并加大力度改善矿产资源微超载状态，提高资源利用效率，促进地区产业转型升级。

（3）衰退型资源型地区资源环境承载力评价——以玉门市为例。

①玉门市矿产资源承载能力评价。

a. 玉门市矿产资源承载能力本底评价。根据《资源环境承载能力评价技术指南（试行）》，以玉门市为评价单元，以铁矿、煤炭为评价的矿种，对玉门市矿产资源承载本底评价进行整体评价。根据《国土资源环境承载力评价技术要求（试行）》关于矿产资源承载本底的分级标准：高（≥4%）、较高 [3%，4%)、中 [0.4%，3%)、较低 [0.1%，0.4%) 和低（≤0.1%），玉门市矿产资源在甘肃省的资源可利用占比情况如表 4 - 17 所示。

表 4 - 17　　　　　　　　玉门市矿产资源可利用占比情况表

评价年份	指标	铁矿	煤炭
2019	保有资源储量（万吨）	2512.35	8654.32
	资源可利用占甘肃省的比（%）	2.5	0.24
	承载本底	中	较低
2015	保有资源储量（万吨）	2111.51	6936.25
	资源可利用占甘肃省的比（%）	2.3	0.3
	承载本底	中	较低

评价年份	指标	铁矿	煤炭
2012	保有资源储量（万吨）	2195.32	5135.48
	资源可利用占甘肃省的比（%）	2.4	0.26
	承载本底	中	较低
2008	保有资源储量（万吨）	2245.36	3564.66
	资源可利用占甘肃省的比（%）	2.7	0.18
	承载本底	中	较低

资料来源：《玉门市统计年鉴》，2008~2019年历年版。

b. 玉门市矿产资源承载能力状态评价。以玉门市为评价单元，选取铁矿、煤炭作为评价因子。根据构建的指标体系，提取各指标值，计算可得玉门市矿业开发指数。参照《国土资源环境承载力评价技术要求（试行）》，根据实际情况对矿产资源承载状态评价分级标准进行了调整，调整后的标准如表4-18所示。

表4-18　　　　　　　调整后的矿产资源承载状态评价分级标准

评价年份	评价因子	矿业开发指数	承载状态分级
2019	铁矿	21.49	超载
	煤炭	28.65	超载
2015	铁矿	22.44	超载
	煤炭	31.26	超载
2012	铁矿	26.31	超载
	煤炭	24.21	超载
2008	铁矿	25.67	超载
	煤炭	36.27	超载

资料来源：《玉门市统计年鉴》，2008~2019年历年版。

②玉门市地下水资源承载力评价。

a. 地下水资源承载能力本底评价。单井出水量与地层岩性、地形地貌有很大的关系，使用平均布井法计算攀枝花市地下水可开采资源量如表4-19所示。

表4-19　　　　　　　　　地下水资源承载能力本底评价

评价年份	地下水开采量（万立方米）
2019	8434
2015	8123
2012	7515
2008	7435

资料来源：《玉门市统计年鉴》，2008~2019年历年版。

b. 地下水资源承载能力状态评价。根据计算结果，可将地下水开采程度分为三个等级状态（见表4-20）。

表4-20　　　　　　玉门承载状态评价分级标准（地下水开采程度）

等级	Ⅰ级（好）	Ⅱ级（中）	Ⅲ级（差）
地下水开采程度（%）	[0, 70]	(70, 100]	>100

资料来源：《玉门市统计年鉴》，2008~2019年历年版。

玉门地下水开采程度评价结果如表4-21所示。

表4-21　　　　　　　　　玉门市地下水开采程度评价结果

评价年份	地下水开采程度	评价等级
2019	0.266	Ⅲ级（差）
2015	0.241	Ⅲ级（差）
2012	0.183	Ⅲ级（差）
2008	0.189	Ⅲ级（差）

资料来源：《玉门市统计年鉴》，2008~2019年历年版。

根据计算结果将评价地区的地下水污染点占比分为三个等级状态（见表4-22）。

表4-22　　　　　　　承载状态评价分级标准（地下水污染点占比）

等级	Ⅰ级（好）	Ⅱ级（中）	Ⅲ级（差）
地下水污染点占比（%）	0	(0, 30]	>30

资料来源：《玉门市统计年鉴》，2008~2019年历年版。

玉门地下水污染点占比评价结果如表4-23所示。

表 4 - 23 玉门地下水污染点占比评价结果

评价年份	地下水水质监测点总数/水样点	劣质点数	地下水污染点占比（%）	评价等级
2019	900	430	47.7	Ⅲ级（差）
2015	850	450	53.0	Ⅲ级（差）
2012	830	463	55.8	Ⅲ级（差）
2008	800	475	59.3	Ⅲ级（差）

资料来源：《玉门市统计年鉴》，2008～2019 年历年版。

综合 2008～2019 年关于玉门市的资源环境承载力评价结果可以发现，从矿产资源承载力结果来看，该市以铁矿煤炭为代表的矿产资源的承载本底均处于较低的水平，且根据矿产资源承载状态分级标准，其主要矿产资源的矿业开发指数均远远小于 60，处于严重超载的承载状态等级，表明该市的矿产资源承载能力非常薄弱；从地下水资源承载力结果来看，该市地下水的开采量较小，年际开采量呈现比较稳定的趋势，水资源承载本底较低，通过地下水资源承载能力状态评价，发现地下水的开采水平属于三级（差），地下水污染点的所占比重较大，一直处于Ⅲ级（差），表明该市的地下水资源承载能力整体较差，且水污染现象非常明显，应着力培育其他产业，以缓解现有矿产资源和水资源的超载状态。

整体来看，西部资源型地区拥有较为充裕的水资源，如新疆、云南、贵州、广西、四川等几个省份的水资源排在全国前列。虽然总体上西部水资源丰富，但不同地区所拥有的水资源及其分布情况有着明显差异。如人均水资源量排名在西部位次靠前的新疆表现出内部不同区域因水资源不足导致的资源型缺水和产业结构不合理导致的结构性缺水并存的特点，而以甘肃、陕西和内蒙古为代表的西部资源型地区则呈现出明显的水资源相对不足的矛盾。西部资源型地区地下水资源开发力度逐渐加强，部分地区如玉门市水资源临近超载状态，可利用量紧缺，西藏不能支撑当地发展化工业所需要的巨大用水量，并且地下水污染较严重，需要政府部门或者当地企业更加注重解决水资源污染问题。

衰退型资源型地区矿产资源承载本底处于较低水平，且矿业开发长期处于严重超载状态，地区矿产资源承载能力非常薄弱；地区水资源承载本底处于较低水平，资源承载能力整体较差，且水污染严重，此类地区应将发展重心转移到其他产业，改变现有矿产资源和水资源超载状态。

4.2.3　西部资源型地区产业结构评价

西部资源型地区优先发展资源型产业，对生产制造业的重视不足，导致地区产业发展极不平衡，产业结构中轻、重工业比例失调。西部资源型地区应大力发展以信息产业、新能源产业、生物医药等为代表的新兴产业，增加其在整个工业产值的比重。同时，针对主要包括冶金工业、造船工业、纺织工业、汽车工业、钢铁工业的"传统工业"，应将发展的目标从数量改为质量，达到优化生产结构、实现高质量增长、实现粗放式发展向集约型发展的转变。

根据《国民经济行业分类与代码》中的技术文件，工业是指从事类似产品或提供同样服务的各种经济团体和企业。为了协调各国的国民经济统计数据，联合国于1971年颁布了《全部经济活动国际标准产业分类索引》。这些文件对产业的界定和分类主要是以人类生产活动为基本单元的，而这些生产活动根据其特性可以进行高维度的细分。从事这些生产活动的组织形态或经营主体可以是荒岛上的鲁滨逊这个自然人，也可以是男耕女织的小农家庭，还可以是现代公司，甚至还可以是非营利性质的大学、教会、寺庙、政府等形态各异的组织。现实中任何一个经济体生产活动可能千姿百态，这些生产活动以及从事这些生产活动的经营主体之间的关系也可能错综复杂。即便一个经济体的生产活动及其经营主体存在复杂的形态，我们还是可以将其相互之间的关系通过化繁为简地进行分类研究。

（1）成熟型资源型地区产业结构评价——以攀枝花市为例。农业、狩猎业、林业和渔业：2020年，攀枝花市的农业、林业和畜牧业收入较上年同期增长3.1%，总产值达140.12亿元。其中，农业、狩猎业、林业、渔业、农林、渔业和辅助行业的产值依次为 103.59 亿元、2.42 亿元、29.8 亿元、3.14 亿元和 1.17 亿元，同比增长依次为 6.6%、2.0%、-3.1%、-2.1% 和 7.9%。

矿业和采石业：2020 年全年工业增加值同比增长 4.5%，达到 479.06 亿元。年末共计 349 家规模以上工业企业，实现营业收入 1922.27 亿元，产销率达到 97.9%，增长 3.6%；营业成本 635.77 亿元，增长 2.1%；资产合计 2706.45 亿元，增长 2.7%。攀枝花年产矿石总量 6100 万吨，矿业和上下游相关产业的产值为 1117.9 亿元，对全市地区工业总产值的贡献率为 62%。

国内贸易及旅游业：攀枝花的零售额为 235.15 亿元，同比下降 2.2%。从经营地看，城镇居民的零售收入为 214.75 亿元，农村居民消费总额为 20.39 亿元，较上年同期下降 2.3%，农村居民消费下降 1.4%；从消费形式上看，餐饮收入 30.05 亿元，零售总额 205.1 亿元，与上年相比增长为 -8.3% 和 -1.3%。全年旅游总收入 313.91 亿元，下降 24.5%。接待游客总数同比下降 27.1%，为 2197.47 万人次，宾馆、星级饭店共计 15 个。

电力、煤气、供水业：2019 年攀枝花全市用电量增幅提高，速度高于全省平均水平，全市社会用电量 135.28 亿元，同比增长 10.0%，增速比 2018 年提高 2.83 个百分点，全年呈现低开高走、逐季加快态势。其中，采矿业、制造业和电力、热力、燃气及水生产和供应业用电量同比增长依次为 12.20%、9.37% 和 3.02%，分别达到 37.75 亿千瓦时、74.62 亿千瓦时和 6.46 亿千瓦时。从贡献率来看，攀枝花大支柱行业采矿业和制造业分别贡献 38.43% 和 59.81%。

建筑业：2020 年全市拥有一级或以上资质的建筑工程总承包和专业承包企业 101 个，实现产值 252.29 亿元，较上年同期增长 7.6%。全年工业总产值 80.28 亿元，同比增长 3.1%，继续稳定发展。

批发与零售业、餐馆与旅店业：2019 年全市餐饮、批发、住宿三大行业发展迅速，同比增长分别为 12.2%、11.7% 和 13.1%，零售额依次为 42.2 亿元、36.7 亿元和 4.1 亿元，均完成了两位数的增长。同时，零售业增长 9.2%，零售额达到 239.5 亿元，实现稳定增长。

通信、交通和邮电业：全市共计有 4321.93 公里的等级公路和 233 公里的高速公路。2020 年，公路年货物运输 10491 万吨、货物周转量 593274 万吨公里、客运量 1320 万人、乘客周转量 52091 万人公里，全市汽车、私人汽车、摩托车、营运车辆和出租汽车保有量依次为 21.44 万辆、19.13 万辆、9.43 万辆、1.14 万辆和 1570 辆，机动车保有量总计 31.05 万辆。目前，铁路已经建成 181.6 公里，年旅客 820000 人次，完成了旅客 2316.87 万吨的铁路货运。水路旅客周转量为 1409.45 人公里，货物运输周转量为 1972.23 万吨公里。电信主营业务收入 9.92 亿元，邮政主营业务收入 7.53 亿元，邮电总营收 17.45 亿元。年末统计邮电局（所）、年报刊发行量、函件量、快递业务量、固定电话用户数、移动电话用户数依次为 69 处、1731.42 万份、25.02 万份、4454.31 万件、35.56 万户和 145 万户。

金融业、不动产业、保险业及商业性服务业：2020 年，一般公共预算收入为 68.25 亿元，较上年同期增加 8.4%。与上年相比，普通公共预算支出为 159.47 亿元，增幅为 16.1%。年税务局组织收入同比增长 12.9%，达到 131.53 亿元。税收同比增长 2.3%，达到 98.95 亿元；增值税 50.37 亿元，下降 6.2%；消费税 1.48 亿元，同比下降 18.7%。年末，各种类型的金融机构存款同比增长 3%，比年初增加了 32.38 亿元，达到 1113.02 亿元。其中，个人储蓄存款 778.82 亿元，金融机构贷款 70559 亿元，较上年同期分别增加 9.3% 和 -14.6%，增加值为 65.96 亿元和 -120.74 亿元。年末全市 19 家保险公司实现保费收入 29.64 亿元，保险赔款支出 8.63 亿元，其中，财产保险保费收入、人寿保险保费收入、财产保险赔款支出和人寿保险赔款支出依次为 9.41 亿元、20.23 亿元、4.5 亿元与 4.08 亿元。

社会团体、社会及个人的服务：本市参加养老保险、医疗保险、失业保险、工伤保险和生育保险的人员分别是 826000 人、11044 万人、174000 人、227800 人和 186200 人。同比下降 367 人；农民最低生活保障人口 21360 人，同比增长 9781 人；有 15078 名残疾人享受两种补助。全市社会福利机构 96 个，社会福利院 4 个，乡村养老院 22 个，养老院总数为 9234 个，社会福利院 710 个，乡村养老院 1974 个。

综上所述，攀枝花市经济社会发展水平总体良好。2020 年，该区域生产总值期增长 3.9%，达 1040.82 亿元，比全国和全省生产总值增速高出 1.6 个百分点，比全省高 0.1 个百分点。主要体现在：农业生产形势良好、工业产出不断改善、服务逐渐加速、市场消费持续增长、投资增长速度不断提高，进出口小幅回落，民生持续改善，经济发展更加协调。

（2）成长型资源型地区产业结构评价——以六盘水市为例。

农业、狩猎业、林业和渔业：2020 年六盘水市农林牧渔业总产值 293.77 亿元，增长 12.8%，约占 GDP 的 21.93%；种植业、林业、畜牧业、渔业和农林牧渔服务业总产值依次为 193.74 亿元、20.38 亿元、64.40 亿元、0.61 亿元及 14.64 亿元。与 2017 年农林牧渔业占该市地区生产总值 9.69% 的数值相比，六盘水市的农林牧渔业在近几年呈现快速发展的状态。

煤炭开采和洗选业：六盘水市的煤矿开采和洗选业在 2020 年实现了 7.1% 的增长，规模以上企业原煤、洗精煤的产量分别约为 6289.83 万吨、2194.5 万吨，原煤产量和洗精煤的产量同比增长分别为 5.8% 和 4.6%；2017 年该市煤炭开采和洗选业的工业增加值为 335.13 亿元，增长 0.2%，规模以上企业的原煤、洗精煤年产量分别为 6031.04 万吨、2650.25 万吨。以上数据说明六盘水市的煤炭开采业总体呈现出平稳发展的趋势。

制造业：六盘水市在 2020 年的发展中，高端制造业的增加值占到了 0.18%，比上年减少了 54.2%。计算机、通信及其他电子设备制造行业的增加值与去年同期相比下降 58.2%，制药行业与去年相比下降了 15%。2017 年，全市工业总产值达到 3.0%，同比增长 54.5%。计算机、通信及其他电子产品的增值比去年同期分别增加 54.6% 和 4.2%。其中，医药制造业、计算机、通信、其他电子设备制造业等新兴行业的增加值占全部行业增加值的比重较低，说明六盘水市近几年的制造业发展滞后明显。

电力、煤气、供水业：六盘水市热力生产、电力、供应业的综合产值较上年同期减少了 3.1%；2017 年，全市热力生产、供电、供电等工业总产值达 77.97 亿元，同比增长 24.7%，说明近几年六盘水市在电力、热力、水的生产和供应业的发展方面下滑趋势明显。

建筑业：六盘水市 2020 年实现建筑业总产值 79.01 亿元，同比增长 10.4%；完成住房面积 128.1 万平方米，同比增长 93.2%。2017 年，全市建筑业总产值 111.52 亿元，增长 14.6%。表明六盘水市的建筑业经济活动在近年来增速放缓，发展活力有所下降。

零售业：2020 年，六盘水市零售行业的零售额为 119.79 亿元，比去年增加了 7.9%。其中，粮油、食品行业零售额共增加了 4.7%，饮料行业增加 95.6%，烟酒行业增加 331.8%。服饰类下降 25.8%，汽车类增长 5.7%，零售业在 2017 年的零售额达 138.72 亿元，较上年增加了 13.3%。其中，粮油、饮料、食品以及烟酒类零售额共增加 24.1%，服饰类增长 15.4%，汽车类增长 10.2%。不论从绝对数值还是占比分析，六盘水市消费品零售业仍然处于平稳发展的状态。

交通、仓储、邮电：六盘水市在 2019 年的交通、仓储以及邮政行业实现总产值 72.53 亿元，同比增长 6.8%，占国内生产总值的 5.73%；2017 年，全市交通、仓储、邮电工业增加值 113.91 亿元，较上年同期增长 8.6%，在国内生产总值中所占的比例是 7.79%。这表明六盘水市的交通运输仓储和邮政业发展在近些年来在一定程度呈现收缩的趋势。

对外经济与旅游业：六盘水市在 2020 年的进出口总值为 1.47 亿美元，较上年同期增加 5.3%。进口总额为 1.45 亿美元，同比增长 27.0%；总出口额为 0.02 亿美元，下降 92.7%。全年共接待游客 3800.678 万人次，全年总收入 250.5 亿元，占 GDP 的比重为 18.7%。2017 年，全市的总进出口额达 3.31 亿美元，较上年同期增长 22.9%。其中，进口额为 2.52 亿美元，增长 36.8%；出口额为 0.79 亿美元，下降 9.4%。全年共接待游客 300.87 万人次，全年总收入 200.49 亿元，占 GDP 的比重为 13.72%。这表明六盘水市的对外经济活力持续下降，但旅游业对国民经济的贡献逐渐增强。

（3）衰退型资源型地区产业结构评价——以玉门市为例。农业、狩猎业、林业和渔业：2019 年实现农林牧渔业总产值 25.9 亿元，增长 6.5%，约占 GDP 的 15%；实现农林牧渔业增加值 15.2 亿元，增长 6.6%。其中：

种植业增加值 11.77 亿元，增长 7.28%；林业增加值 0.38 亿元，增长 41.48%；牧业增加值 2.74 亿元，下降 1.2%；渔业增加值 0.02 亿元，增长 4.43%；农林牧渔服务业增加值 0.35 亿元，增长 11.72%。相比于 2016 年农林牧渔业总产值在 GDP 比重占比的 16.5%，玉门地区的这类产业比重呈现下降趋势。

矿业和采石业：玉门市 2019 年实现了 179.7 亿元的工业总产值。增长 4.3%；工业总产值增加 123.7 亿元，增长 8.2%，占国内生产总值 71.7%。而在 2016 年，工业总产值 167.3 亿元，比上年减少 3.6%，占 GDP 的 39.8%。在 43 个行业中，矿业实现了 18.1 亿元的产值，占 26.5%，增长 59.5%。2016 年玉门市采矿业完成工业增加值 11.8 亿元，同比增长 10.8%。以上数据说明玉门市的矿业在近几年逐步取代其他产业成为玉门当地主导产业，总体呈现出快速增长的形势。

制造业：2019 年玉门市制造业完成工业增加值 44.1 亿元，下降 1.3%；2016 年玉门市制造业完成工业增加值 27.4 亿元，同比增长 16.2%，说明玉门市在最近两年的制造业发展上稍微滞后。

电力、煤气、供水业：2019 年玉门市的电力、热力、水的生产和供应业同比上年增加 6.1 亿元，下降 10%；2016 年，电力、热力、供水等行业的增加值为 5.5 亿元，比去年增加了 3.6%。这几年玉门市在电力、热力、水的生产和供应业的发展上呈现下滑趋势。

建筑业：2019 年玉门市在资质范围内，建筑业总产值 14.88 亿元，实现工业增加值 3.34 亿元，较上年同期增长 8%。全市二级及以上建筑行业的营业收入较上年同期减少 1.93%，达 11.81 亿元。玉门市 2016 年工业总产值达到 30.9 亿元，与去年相比增加了 11.6 亿元，比去年同期增加了 7.4%。二级及以上建筑企业全年营业收入 19.4 亿元，比上年同期减少 23.2%。玉门市的建筑业经济活动活力在近年来逐年持续降低。

批发与零售业、餐馆与旅店业：2019 年玉门市完成社会消费品零售额达 17.5 亿元增长 7.3%。批发零售总额达 7.8 亿元，增长 2.2%；零售业实现 6.5 亿元的零售销售，增长 10.5%，分别占 GDP 的 4.5% 和 3.8%。餐饮业零售额 2.2 亿元，较上年同期增加 15.1%；餐饮业零售额为 0.9 亿元，较上年同期增加 15.1%。增幅为 13.4%。2016 年，全市零售额达到 29.1 亿元，较上年同期增加 9.4%。批发市场零售额达 20.6 亿元，同比增长 13.7%；零售额达 6.7 亿元，较上年同期下滑 1.9%，分别占当年 GDP 的 17.3% 与 5.6%。餐饮、住宿、餐饮等零售总额为 1.9 亿元，同比增长 8.3%。不论从绝对数值还是占比分析，玉门市社会消费品零售总额、餐馆与旅店业在产业竞争中逐步降低了竞争力。

金融业、固定行业、保险业和商业服务业：2019 年，玉门市金融业实现增加值 4.3 亿元，比上年增长 0.94%。2016 年，玉门市金融业实现增加值 4.26 亿元，同比增长 14.9%。从数值上看，玉门市金融业的发展大致不变；从增长率看，玉门市金融业增长从略高趋于持平。

金融业、不动产业、保险业及商业性服务业：2019 年玉门市金融业实现增加值 4.3 亿元，比上年增长 0.94%。2016 年玉门市金融业实现增加值 4.26 亿元，同比增长 14.9%。从数值上看，玉门市金融业的发展大致不变；从增长率看，玉门市金融业增长从略高趋于持平。

社会团体、社会及个人的服务：玉门市的社保和就业支出 2.56 亿元，同比增加 22.4%。截至年底，玉门市有 9.7 万人参加了基本医疗保险，参加的比例为 97.63%。2016 年玉门市从业人员 10.88 万人，占常住人口的 65.7%，退休金社会化发放率 100%，新农合参保率 98.5%，以上说明玉门市这些年社会服务较为完善。

综上所述，在玉门市的各类产业中，矿业、运输业、仓储业和邮电业的发展在近些年来表现得较为强劲，尤其是矿业的产值以较高的速度逐步成为玉门市主导产业。而金融业、社会团体、社会及个人的服务在近年来较为稳定。农林牧渔业，制造业，电力，煤气，供水业，建筑业，批发与零售业，餐馆与旅店业的产业竞争力在近年来则有所降低。

综上所述，在六盘水市的各类产业中，采矿业发展在近些年来的发展势头较为强劲，尤其是煤炭产业以其天然的资源储量优势和开采条件逐步成为该市的支柱性产业，工业发展情况良好，农业、林业、渔业、零售业和旅游业在近年来保持稳定增长的趋势；制造业、电力、煤气、供水业、建筑业、运输、仓储和邮电业的产业活力在近年来则呈现出下降和收缩的趋势。

4.3　西部资源型地区包容性增长评价

4.3.1　西部资源型地区包容性增长综合评价

本书选取西部资源型地区 2008 年、2012 年、2015 年、2017 年、2019 年的数据进行分析，计算得出西部资源型地区包容性增长评价指标经济增长、机会平等、成果共享、可持续发展、资源环境的权重分别为 0.0678、0.0733、0.1125、0.2554、0.491。西部资源型地区包容性增长综合得分如表 4 - 24 所示。

表 4 - 24　　　　　　　　西部资源型地区包容性增长综合得分

地区	2008 年	2012 年	2015 年	2017 年	2019 年	均值
铜川市	0.10	0.17	0.19	0.22	0.24	0.18
宝鸡市	0.11	0.19	0.25	0.37	0.30	0.25
咸阳市	0.09	0.16	0.22	0.57	0.24	0.25
渭南市	0.07	0.13	0.15	0.22	0.18	0.15
延安市	0.17	0.28	0.27	0.24	0.36	0.26
榆林市	0.17	0.39	0.37	0.50	0.57	0.40
白银市	0.08	0.12	0.12	0.26	0.14	0.14
自贡市	0.09	0.16	0.17	0.20	0.24	0.17
攀枝花市	0.29	0.35	0.36	0.41	0.44	0.37
泸州市	0.09	0.14	0.18	0.22	0.27	0.18
广元市	0.10	0.15	0.18	0.20	0.26	0.18
南充市	0.07	0.11	0.13	0.16	0.19	0.13
广安市	0.07	0.12	0.15	0.17	0.20	0.14

续表

地区	2008 年	2012 年	2015 年	2017 年	2019 年	均值
达州市	0.09	0.13	0.16	0.19	0.21	0.16
雅安市	0.34	0.65	0.72	0.44	0.50	0.53
六盘水市	0.13	0.15	0.27	0.39	0.27	0.24
安顺市	0.11	0.15	0.14	0.26	0.25	0.18
曲靖市	0.09	0.12	0.15	0.39	0.28	0.21
保山市	0.04	0.07	0.22	0.27	0.30	0.18
昭通市	0.03	0.06	0.14	0.21	0.17	0.12
丽江市	0.21	0.08	0.10	0.44	0.30	0.22
临沧市	0.03	0.07	0.09	0.31	0.25	0.15
包头市	0.30	0.32	0.34	0.38	0.38	0.34
乌海市	0.30	0.33	0.33	0.32	0.38	0.33
赤峰市	0.18	0.26	0.27	0.21	0.23	0.23
鄂尔多斯市	0.27	0.22	0.12	0.26	0.27	0.23
呼伦贝尔市	0.31	0.30	0.32	0.32	0.34	0.32
百色市	0.24	0.31	0.32	0.37	0.18	0.28
贺州市	0.22	0.25	0.14	0.28	0.33	0.25
河池市	0.23	0.25	0.28	0.29	0.13	0.24
武威市	0.07	0.11	0.13	0.13	0.15	0.12
张掖市	0.12	0.17	0.20	0.20	0.22	0.18
平凉市	0.06	0.10	0.12	0.11	0.13	0.10
庆阳市	0.06	0.12	0.14	0.12	0.16	0.12
陇南市	0.12	0.14	0.16	0.16	0.18	0.15
石嘴山市	0.17	0.28	0.21	0.23	0.22	0.22
克拉玛依市	0.27	0.22	0.09	0.28	0.26	0.23

资料来源:《中国城市统计年鉴》及各地区国民经济与社会发展统计公报,2008~2019 年历年版。

表 4 - 24 中,2008~2019 年西部资源型地区综合得分均值为 0.21,最大值为 0.53,最小值为 0.12,表明西部资源型地区总体包容性增长发展水平较低,且地区间差异显著。整体来看,西部资源型地区普遍面临资源枯竭、环境恶化、产业萎缩难题,成为我国经济发展的短板。在西部大开发、环境

保护战略的推动下,虽然西部资源型包容性增长水平逐步提升,但限于客观条件,较之于我国东、中部城市,其仍处于并将在较长时期内处于较低水平。

根据《规划》中国家资源型城市的分类方法,西部资源型城市也可分为四类:成长型、成熟型、衰退型和再生型。其中,成长型城市包容性增长得分最大值为0.4,最小值为0.12,均值为0.22;成熟型城市包容性增长综合得分最大值为0.53,最小值为0.1,均值为0.23;衰退型城市包容性增长综合得分最大值为0.19,最小值为0.14,均值为0.18;再生型城市包容性增长综合得分最大值为0.22,最小值为0.18,均值为0.20。不同类型的资源型城市之间包容性增长水平差距较大,成熟型城市资源开发趋于稳定,经济增长水平较高,包容性增长综合得分高;成长型城市资源开发尚处于上升期,经济增长潜力大,包容性增长综合得分较高。整体而言,我国的经济发展速度渐缓,生态环境压力较大,产业转型、社会转型、经济转型迫在眉睫,包容性增长综合水平低(见表4-25)。

表4-25 西部资源型地区城市分类得分情况

城市分类	城市	得分最小值	得分最大值	得分均值
成长型城市	咸阳市、延安市、榆林市、南充市、六盘水市、昭通市、鄂尔多斯市、呼伦贝尔市、贺州市、武威市、庆阳市、陇南市	0.12	0.4	0.22
成熟型城市	宝鸡市、渭南市、自贡市、攀枝花市、广元市、广安市、达州市、雅安市、安顺市、曲靖市、保山市、临沧市、赤峰市、百色市、河池市、平凉市、克拉玛依市	0.1	0.53	0.23
衰退型城市	铜川市、石嘴山市、乌海市、泸州市、白银市、玉门市	0.14	0.19	0.18
再生型城市	张掖市、丽江市、包头市	0.18	0.22	0.20

资料来源:《中国城市统计年鉴》及各地区国民经济与社会发展统计公报,2008~2019年历年版。

4.3.2 成熟型资源型地区包容性增长综合评价——以攀枝花市为例

有着"富甲天下的聚宝盆"美誉的攀枝花是发展成熟的资源型城市,并且也是我国钢铁、钒钛、能源基地，被称为三线建设的成功典范。攀枝花是我国西部地区最大的矿冶、钢铁工业基地，具有"先矿后城"的典型资源型城市。经过 50 年的开发建设，随着经济的快速增长，已成长为中国西南部的工业大市。在经济快速发展的同时，我国经济结构存在着高度的资源依赖性、结构单一、效率低下、产业固化锁定效应等问题。环境污染严重等问题不容小觑，高质量发展与生态环境之间的问题倒逼这座城市转型。攀枝花是我国西部地区煤炭和铁综合利用的重要地区之一，处于资源型城市的成熟期。在其稳产阶段，攀枝花就开始探索其转型之路，并且取得较大的成果。通过对攀枝花各大城市的产业结构演进路径进行综合分析，可以为同类城市的发展提供一定的借鉴，特别是如何选择可持续的替代工业。

攀枝花市位于四川省川滇接合部，与攀西裂谷、山原大峡谷接壤，距成都 614 公里、昆明 273 公里。总面积达 7440.398 平方公里，是四川与东南亚合作的重要交通枢纽。攀枝花市是一座典型的南亚热带地区，地形复杂，植被种类繁多，阳光充足，水资源、矿产资源十分丰富。攀枝花市以"南亚热带亚湿润气候"为主，具有夏季日照时间较长、昼夜温差值大、空气干燥、旱雨两季分异明显等特点；现有植物超过 190 科、900 属，共计 2300 多种；矿产种类 70 余种，其中以钒、钛、磁、铁矿为主，另还有多种稀有贵金属，如铬、镓、镍等（见表 4 - 26）。

表 4 - 26　　攀枝花市 2007 ~ 2019 年产次比重所占 GDP 比重

年份	第一产业	第二产业	第三产业
2008	4.7	72.7	22.6
2009	4.8	70.7	24.5
2010	4.1	73.8	22.1
2011	3.8	75.5	20.7
2012	3.5	75.9	20.6
2013	3.5	74.5	22.0
2014	3.4	73.8	22.8

续表

年份	第一产业	第二产业	第三产业
2015	3.4	71.5	25.2
2016	3.4	69.2	27.4.
2017	3.2	65.2	31.6
2018	9.1	55.4	35.3
2019	9.1	54.5	36.4

资料来源:《中国城市统计年鉴》及各地区国民经济与社会发展统计公报,2008~2019年历年版。

截至2019年底,攀枝花地区生产总值达到1010.13亿元,同比增长6.3%,人均GDP8.25万元。2008年,三次产业比值为4.7:72.7:22.6,截至2019年底,三次产业比值优化为9.1:54.5:36.4。第一、第二、第三产业增加值分别为916800万元、5507400万元、3677100万元;同比增长分别为0.23%、3.79%、2.24%,对国民经济增长贡献度分别为3.6%、5.7%、60.5%。

配第—克拉克定理反映了我国工业结构演化的基本规律,其中"三二一"型是最先进的工业组织形式。全国、四川省先后从"二三一"工业格局中脱离出来,正式步入"三二一"发展格局,步入了以服务业为主的晚期工业,工业结构逐步向高级化、合理化方向发展,从高速发展逐渐向高质量发展转变。

攀枝花市三次产业结构变化较四川省和全国范围内的变化比较大,总体趋势符合配第—克拉克定律。但是第二产业呈现"二三一"的特征。从发展趋势上看,自2009年起至今,第一产业增加值比重在小范围内有所下降。2009~2012年,第三产业占比有所下降,2013~2018年逐渐上升,2009~2012年,第二产业占比呈现上升趋势,2013~2018年比重下降,但是一直保持较高比重。可见,2012年是攀枝花转型的一个时间节点。攀枝花市于2012年提出,要从钢铁之都向钒钛业转变、从三线城市向地区中心城市转变、从工业基地向康养旅游转变,实现高质量发展。攀枝花市目前还处在以工业为主的发展阶段,以第二产业为主,第三产业较弱,但它却有着广阔的发展空间,其产业发展的潜力巨大。2018年,四川省规划出全省发展格局中的"坐标系",并提出了以"英雄攀枝花·阳光康养地"为核心的"全国创新发展试验区""国际阳光康养胜地"等多种产业发展方向。

攀枝花市包容性增长评价具体表现为：

（1）经济增长。攀枝花 2020 年实现经济总量 10408200 万元,同比增加 3.9%。第二、第三产业值分别增加 969000 万元、5583900 万元,同比分别提高 5.1%、2.4%,三次产业比值从 7.4：66.7：25.9 调整为 9.3：53.6：37.1。可见,攀枝花市是攀枝花市经济和社会发展的主要城市,其经济发展水平和经济社会发展水平都有很大的提高。攀枝花市的发展速度最快,其特有的气候条件、现代农业的发展潜能得以充分发挥,具有很大的发展空间。

（2）机会平等。根据 2019 年的统计,攀枝花在全国平均每万张病床数排名中位列第四,基本形成了区域性的医疗卫生高地；攀枝花的平均教育年数得到了提高,同时还建立了国际康养学院、国际钒钛学院、攀西高等专科学校。攀枝花坚持以发展带动就业,就业形势总体平稳,职工收入水平不断提升。城镇登记失业率为 3.65%,同比下降 0.25 个百分点；职工工资总额 148.55 亿元,比去年增加 6.59 亿元,增长 4.6%；劳动人员平均工资达 84092 元,同比增加 2692 元,增长 3.3%。攀枝花在工业转型中,医疗、教育、就业形势都得到改善,并为人们提供了平等的机会。

（3）成果共享。2019 年,全市人均可支配收入 41864 元,较上年同期上升 8.7%；城镇居民人均纯收入 18352 元,比上年增加 9.8%。近年来城乡人均收入差距仍然较大,城市和农村居民的恩格尔指数都低于 40,说明城乡居民生活达到了相对富裕的水平。在社会保障等方面,攀枝花政府严格执行财政工作"两保、一规、一化"新要求,优先保障基本运转和基本民生,在转变财政支出方式、优化支出结构的同时,通过向上争取、盘活存量,支持了全市经济的高质量发展。

（4）可持续发展。攀枝花市政府大力支持创新,2018 年攀枝花研发经费达到 14.4 亿元,每年财政科研经费不少于 6 千万元,实现全国人均研发投资占 GDP 的比例逐步超越全省和全国的平均水平。重点是要培养创新主体，促进重大技术成果的转化。2020 年，攀枝花第三产业占第二产业比重达到接近 0.7，说明攀枝花产业在结构调整转型方取得了较好的成绩。攀枝花是世界上最大的钢铁生产基地，也是世界上最大的钒、钛工业基地。另外，攀枝花是中国康养行业的实验区。2012 年，攀枝花提出"阳光康养"理念，并率先在全国率先开展康养产业。目前，攀枝花已建成国家森林公园，成为香格里拉风景区的重要组成部分，是四川省第一家健康旅游示范基地。短短数年，其已成为"阳光花城康养胜地"的新名片，带动了第三产业的发展。

（5）资源环境。攀枝花保有大量的铁矿、钒、钛、镍、铜等资源。2019 年，铁矿存量达到 652317.21 万吨，钒有 892.76 万吨，，攀枝花的钛储量占中国已探明储量的 90%，钒的储存量占中国已经探明储量的 70%。攀枝花市工业企业一般工业固体废物产生量为 5114.96 万吨，其中，综合利用 988.57 万吨，占比 19.3%；处置量 1062.80 万吨，占比 20.8%；贮存量 3103.70 万吨，占比 60.7%。此外攀枝花市森林覆盖率达 61.99%，主城区的环境空气质量 109 天优、247 天良、9 天轻度污染，优良率 97.5%。攀枝花政府正着力加大技术创新力度，加强钛产品的开发，扩大钛产品的生产能力，扩展钛产品的产业链。攀枝花水资源丰富、阳光资源丰裕，生态观光、特色品牌农业、龙头农业等特色农业发展蒸蒸日上，以农产品高附加值促使传统农业向现代农业转型。另外，还发展一批高标准康养产业，推动信息、教育及产业多样化融合，鼓励第三产业发展。

综合以上分析，攀枝花市近年来经济发展的重要力量在第二产业上，主要在于其对经济增长的贡献率最高，在医疗、教育、就业方面上也均有所改善，机会平等得到充分的社会大力保障。同时，政府还大力扶持创新主体，促进重大技术成果的转化。2019 年，攀枝花第三产业占第二产业比重达到接近 0.7，攀枝花产业在结构调整转型方取得了较好的成绩，短短数年，已成为"阳光花城康养胜地"的新名片，促进了第三产业的发展。攀枝花市作为成熟期资源型城市开始探索转型之路，提高技术发展优势产业，探寻替代产业，开发第一产业的潜力，大力发展以康养产业为首的第三产业，在产业转型上取得了显著的成果，由此得出攀枝花市处于柔性的社会结构。

4.3.3 成长型资源型地区包容性增长综合评价——以六盘水市为例

六盘水市是贵州省西部的一个典型的资源型城市，它是全国重要的能源原料基地，拥有 30 多种矿物资源，包括煤、铁、锰、锌、玄武岩等，特别是煤，是长江南部最大的主要焦煤生产基地，被誉为"江南煤都"。六盘水市传统支柱工业对矿产资源的依赖性很强，转型是必然的选择，而工业转型则是推动城市转型的主要力量，所以，如何评估六盘水市的产业转型升级，以适应新常态，是一个值得思考的问题。

根据前述对我国西部资源型地区包容性增长评价指标体系的构建，以下基于六盘水市资源型产业现状和产业转型升级水平，从经济增长、机会平等、成果共享、可持续发展和资源环境五个维度出发，对当前六盘水市的包容性增长水平进行评价：

（1）经济增长。六盘水市近年来的地区生产总值和人均 GDP 呈现逐年增加的趋势，而且，随着我市持续深化供给结构调整和产业结构调整，2019年，全市工业总产值达到 512.24 亿元，工业总产值占比稳步上升，对 GDP 的贡献率增加，拉动了该市的经济增长。

（2）机会平等。医疗层面，近年来，六盘水市医疗卫生机构数、病床数量和医务人员数量每年都有轻微增长的趋势。教育层面，除普通中学和中等职业教育在校学生数有所减少外，该市其他层次学校的在校学生数均逐年增加。就业水平层面，该市年末就业人数新增就业岗位逐年增加，城镇登记失业率在年际间的波动较小且较低。可见，产业转型带来的经济增长为全体社会成员创造了平等的发展机会。

（3）成果共享。近年来，伴随着六盘水市城乡居民可支配收入的增加，其家庭生活消费支出比例也逐年上升，但恩格尔系数仍然维持在 35% 左右的较低水平。政府公共财政的预算支出虽在年际间有小幅波动，但整体支出数额和占比呈增加趋势,其中,用于医疗卫生事业和社会保障的支出占比最大。此外,城市发展以民生为导向的生活服务业,强化公共服务,逐步实现城乡基本公共服务的均等化。居民享受了经济发展带来的福利。

(4)可持续发展。对于研发支出层面来说,近年来,六盘水市研发人员和研发经费的内部支出增长幅度较大,投入比重的逐渐增加推动了科技进步,提高了资源综合利用的可能性,加强对具有明显比较优势的能源原料行业的技术创新和管理创新,使其上规模、上档次、上档次,实现可持续发展。对于固定资产投资层面来说,固定资本投资的增加虽能在一定程度上推动经济增长,然而,同其他资源型城市一样,六盘水市的煤炭资源将会逐渐枯竭,以煤炭为主导的工业将会逐渐萎缩。这时,该市将面临投资环境不佳、资金缺乏的问题,使得可投资的项目更加缺乏,阻碍可持续发展。

六盘水三次工业比重中,第二产业在三次工业中的比重是最大的,但是,从近年来六盘水市三大产业比重来看,第一、第三产业比重逐步提高,第二产业比重逐年递减,从侧面反映出该市的产业结构转型取得了一定的成效,其自身产业转型能力较强。而工业转型和可持续发展具有长期稳定的平衡关系,可以通过持续的推动经济转型,使城市的可持续发展得到更好的发展。

(5)资源环境。六盘水市资源丰富,资源工业还处在成熟期,产业转型尚需一段时期,六盘水市的主要经济支柱产业将会持续很长一段时期。资源要素驱动与新常态下的发展动力不符,资源产业的转型升级已成为必然。长期以来,城市的经济发展主要依赖煤炭发电和钢铁生产,但对当地的生态环境造成了严重的影响。六盘水在20世纪90年代一度濒临生态崩溃,森林覆盖率最低的时候达到了7.5%。2019年,六盘水市主要废弃物循环利用率69.52%,城镇污水处理设施再生水利用率69.44%,森林覆盖率61.51%。市中心城区空气质量表现为优的天数有244天,表现为良的天数为121天,空气质量优良比例高达100%,是全省唯一一座常年无污染的中心城区。但近几年来,该市工业排放的各项主要指标如工业废水排放量、工业废气排放量等均呈逐年递减的趋势，同时，工业固体废物综合利用率和重复利用率逐年增加，表明六盘水市在工业结构调整中发挥了积极的作用。

　　综合以上几个方面的评价结果可以说明，近几年，六盘水市是西部典型的煤炭资源型城市，在工业结构调整、产业结构调整、产品升级、工业投资等方面都有了较大的突破，使得该市当前的工业产业转型升级实践已经取得了一定的效果。然而长远来看，六盘水市仍然面临着资源环境形势严峻、资源产业投资环境不佳、资金缺乏和新型替代产业培育等问题，该市在进一步推进资源产业升级和重构过程中仍然存在较大的改进空间。上述评价结果与分析情况表明，六盘水市社会结构处于刚性向柔性社会过渡的状态。

4.3.4　衰退型资源型地区包容性增长综合评价——以玉门为例

　　玉门的优势主要体现在如下三个方面：

　　（1）地理位置和资源。玉门位于中国甘肃酒泉市，东临中蒙边界，境内建有 312 国道、兰新铁路等，是我国内陆通往中亚、蒙古国、欧洲的重要枢纽，总面积 13500 平方公里，流经四条河流，常住人口有 177000 人，包括 29 个民族。玉门具有丰富的稀有贵金属和充足的太阳能、风能等，是甘肃风电场的发源地，被称为"世界风口"，是全国第一个百万千瓦级电基地。同时，在全省各市中，太阳能总辐射量最高，加上其地势，较适合发展太阳能、风能等新能源。玉门除了中国第一油井、赤金峡水利等自然景观外，其历史文化底蕴深厚，具有大量历史文化遗产如火烧沟、汉长城等遗址和五代昌马石窟，因此，较适宜发展旅游业。

　　（2）转型的基础条件。玉门为中国石油产业的发展做出了巨大贡献，早在抗日战争期间，玉门油田就开始投入生产，到 1957 年，玉门便成为中国首个石油基地，为玉门和国家的经济发展做出了重大贡献。玉门在 80 多年的发展中，已建成较为完备的工业体系。玉门在 2006 年启动经济转型后，针对自身的特点，提出了明确的发展战略，即石油依然是经济发展的主要支柱，石化工业继续壮大，城市发展得到了稳定。同时，也在积极寻求可选择的行业，1997 年以来，风能已发展到相当规模，现已是我国的第二大支柱，为社会创造了巨大的财富，增加了工作岗位，社会经济发展相对平稳，为城市的经济转型打下了良好的基础。

（3）发展空间优势。玉门地域广阔，人口主要分布在绿洲上。玉门周边是一片荒芜的土地，没有农用地，地形平坦，交通便利，发展和建设费用低廉，土地利用率高，没有明显的空间和用地限制，玉门拥有丰富的能源，拥有更多的技术工人。这些优势使玉门可以更好地承接国内外工业的转移，极大推动本市的经济发展。

玉门的不足主要在以下三个方面：

（1）产业结构不协调，经济发展缺乏后劲。玉门的产业结构不合理现象极为普遍，其原因是：第一产业发展程度不高，第二产业的产值比重偏高，有的地方的 GDP 比重偏高，而第三产业的发展却非常缓慢。资源枯竭地区在发展的过程中，主要是利用资源和能源来发展自己的经济，发展与资源和能源相关的垂直产业链，从而推动经济的发展。然而，当资源耗尽地区的资源和能量耗尽时，与之相关联的纵向产业链逐渐衰退，对资源贫瘠地区的经济发展造成了巨大的冲击，造成了经济发展的不充分、持续的衰退。甘肃省玉门要根据自己的具体情况，大力发展石油化工和清洁能源相结合的产业，推进农业产业化，在产业链的延伸方面需加大发展力度，比如开发矿产品加工业。

（2）失业率上升，社会不稳定风险加剧。玉门被划为资源枯竭地区，其产业较大依赖于资源，产业各个环节都离不开资源的开发与加工，居民大部分选择从事与本地资源相关的行业，但随着资源储量的减少和资源的枯竭，当地居民的就业将成为一个严重的问题。由于资源耗尽、公司业务量下降等原因，造成了大量的失业人口，其中大部分都是年龄结构偏大、文化程度低的群体，再就业困难，从而会严重影响社会的稳定发展。

（3）生态环境遭受严重破坏，节能减排任务艰巨。资源耗竭地区长期高强度的开发和随意占用土地导致地表植被和自然景观均受到不同程度的破坏，这种粗放式的采矿方式带来了大量的资源消耗和效益不高的问题，同时由于只破坏而不治理的发展模式，使得资源枯竭地区的生态环境遭到了严重的破坏，从而将会让节能减排工作的实施遭受巨大的阻力，因此，节能减排的任务非常繁重。

玉门是中国石油工业的发祥地，但经过 70 余年的发展，甘肃玉门昔日的繁荣景象已不复存在。玉门地区的石油储量已逐渐耗尽，石油公司效益下降，人口大量失业，环境污染严重，其发展举步维艰。在 1950 年，石油的产量达到了 140 万吨。1998 年，产量锐减至 38 万吨。资源渐渐消耗殆尽，玉门被迫迁移。自 1995 年以来，该市陆续有 3 万名石油职工和 6 万名城镇居民迁出。到 2001 年，这个城市的人口从 10 万人下降到 6 万人。1999 年，经国务院批准，玉门市政府于 2004 年由老城迁往玉门镇。2009 年，玉门被列为资源型城市，玉门面临着转型发展的重要时期。由于不同的区位条件、自然条件、产业基础等因素，导致当前尚无比较通用的转型路径，因此，如何建设百年油田，更好地完成中国第一个油田的转型，对于实现西部地区的全面发展有着重要的意义。

玉门包容性增长综合评价：

（1）经济增长。国内的石油行业的调整给玉门带来了巨大的经济危机，近年来，其经济增长速度总体呈现为先增后减的趋势。2019 年，玉门地区生产总值 172.5 亿元，经济增长率 7.9%。投资额比上年增长 38.2%，占投资总额的 68.5%。财政收入近几年数值呈现波动的趋势，尽管增长速度有所回升，但 2019 年财政收入的 9.81 亿元仍旧低于 2016 年的 10.8 亿元，其绝对数值上呈现缓慢下降的走势。

（2）机会平等。医疗层面上，玉门 2019 年每万人拥有卫生专业技术人员 68.9 人。社会保险和就业支出 2.56 亿元，同比增加 22.4%。教育层面上，玉门当年平均每万人员在校学生数 1305 人，教育普及有待提高。此外城镇登记失业率、人均住房面积都逐渐增加，说明人民收入逐年提高，生活水平逐渐改善。但 2019 年玉门城镇登记失业率 3.05%，比上年上升 2.29 个百分点，近几年新增就业人数呈现下降趋势，可见城市人口失业问题还亟待解决。

（3）成果共享。玉门近几年人均可支配收入逐年提高，增长率较为稳定，城镇化率也在稳步上升。近几年，我国城乡居民的生活质量逐步改善，但农村居民的经济增长率低于城市，且有逐步扩大的趋势。2019年，城镇居民人均可支配收入35294元，同比增长8.8%，同比增长2855元。农民人均可支配收入18570元，同比增长9.1%，同比增加1549元。玉门年实现了17.5亿元的社会消费品零售额，同比增长7.3%。城镇零售总额13.7亿元，同比增长7.4%；农村零售业实现3.7亿元，同比增长7%。虽然两者增长率大致相同，但城镇居民消费绝对数值高于农村约3.7倍，综合玉门近几年人均可支配收入的分配情况，玉门的贫富差距仍旧较大。

（4）可持续发展。从整体上看，第三产业和新能源产业发展很快，但第二产业仍处于主导地位。玉门拥有充足的太阳能资源，全年日照超过3300个小时，是全国最大的太阳能辐射区域，具有良好的发展条件。玉门市政府利用自身的有利条件，积极发展新能源工业，成为石油化工的替代性产业。

2019年，玉门的第一、第二、第三产业分别增加149000万元、1270000万元、366000万元，同期增长率分别为6.3%、8.2%、7.3%，三个行业的结构比例是8.64：73.6：17.74，分别拉动经济增长0.6、6.1以及1.2个百分点，对经济增长的贡献率则分别为7.2%、77.2%和15.6%。第二产业增加值比重、第三产业所占比重均呈上升趋势，与此相反，第一产业比值和第三产业的增速却很缓慢，石油化工增加值对社会生产总值的比重则呈现上升和下降交替出现的波动变化情况。第三产业占比持续上升，新能源工业对国民经济的贡献也在不断提高。同时，玉门市政府也意识到了科学和教育在城市发展中的重要作用，通过不断深化科技体制改革，大力引进和推广科学技术，促进科学技术向生产力的转化。

（5）资源环境。玉门地区的工业垃圾和污染物排放持续增长，这主要是因为长时间的无节制的石油开发导致了矿山环境的恶化，污染防治工作仍十分艰巨。但是，单位 GDP 的能源消耗、建成地区的绿化覆盖率却在逐年提高，节能技术和限制高耗能企业都取得了显著的成效。玉门 2019 年能源消费总量 1024700 吨标准煤，同比增长 6.79%，人均 GDP 能耗降低 1.01%。新城区的污水集中处理率达到 95%，生活垃圾的无害化处理比例则高达 100%，森林面积 7.23%，草原植被盖度 21.5%，城市绿化覆盖率 37.4%，全市的环境空气质量中优良天数占 328 天，优良率约 89.9%。总体来看，玉门城市建设取得较大成就，污染治理与环境安全指标还有改善的空间。

　　总体来看，玉门近几年的生产总值虽缓慢增加但经济增长速度相比以前来看仍较低，第二产业仍是玉门市的支柱性产业。近年来，我国新能源工业虽然取得了一定的进步，但也面临着很多问题，一方面，玉门风电、光电等行业因受市场需求和交通条件的制约，不能及时向电网集中输送；另一方面，由于储能技术的局限性，大量的电能不能及时投入电网，导致资源浪费，使得新能源行业的发展受到制约。而在民生上，由于近几年新增就业人数呈现下降趋势，城市人口失业问题依旧突出。

　　随着玉门地区的快速发展，大量的人口涌入城区，城市的生产和生活用水日趋紧张，居民的居住环境越来越拥挤，生活垃圾也越来越多，旧城区的环境污染问题依然十分严重。再综合前文分析的玉门市产业结构与环境资源的特点，玉门市作为典型的刚性社会结构是不容置喙的，因此，必须正确处理好发展与环境保护的关系，以促进资源型城市的可持续发展。

4.4　本章小结

　　本章从经济增长、机会平等、成果共享、可持续发展和资源环境五个维度构建了包容性增长测度体系，对西部资源型地区包容性增长水平进行综合评价，并以典型地区为代表分别对成熟型、成长型、衰退型资源型地区包容性增长水平进行深度剖析。结论表明，成熟型资源型地区社会结构为柔性社会结构，人才、技术、资金储备到位，社会基础条件较好，产业转型、科技创新易于取得成功。成长型资源型地区社会结构处于刚性和柔性之间，人才、技术、资金有一定基础，产业转型和产业升级条件充分，产业转型也较易取得成功。衰退型资源型地区社会结构为刚性社会结构，产业链断裂，人才、技术、资金外流，产业转型和产业升级较为艰难，只能依靠当地的其他资源禀赋重新构建产业链。

第 5 章

西部资源型地区产业价值链重构

5.1 产业价值链重构理论基础

5.1.1 价值链理论

1985 年，哈佛大学教授迈克尔·波特（Michael Porter）在其著作《竞争优势》中明确阐述了价值链。他认为，"在企业从成立到运营所经历的一系列环节和活动中，不仅有各种各样的投资，还体现了增值，从而这一系列环节连接成了一条完整的活动成本链"。波特的价值链理论表明，公司和公司之间的竞争不仅仅是一个环节，更是一个完整的价值链。波特的价值链理论未涉及全球化概念，一般认为波特的价值链特指国内价值链。

经过不断的研究，随着价值链在观念上的不断扩展，便有了产业链和产业价值链。按照区域空间分工，分为全球价值链与国家价值链。关于价值链，寇伽特（Kogut，1985）认为比较优势是各个国家在空间分配价值链各环节的决定因素，而一个国家或地区的公司竞争力则决定了价值链中各个层面的投入，以保证自身的竞争优势。相对于波特，寇伽特的视角更好地体现了价值链纵向分离与全球空间重新分配的联系，将价值链的概念从企业层面扩展到了地区层面、国家层面，从而在全球价值链的形成中扮演了关键角色。之后，格里芬（Gereffi，1999）首次提出了基于以往管理学的价值链理论。他指出，随着国际分工的逐渐精细化而出现的新兴市场和新经济组织使得现在的研究成了一种全新的全球价值链分析。格里芬、汉弗莱和斯特金（2001）以全球价值链参与者所具有协调能力的差异，认为全球价值链治理模式有五种模式：市场、模块化、关系型、领导型和同级制价值链。卡普林斯凯（Kaplinsky，2000）从三个层面分析价值链："进入和租金壁垒""治理""系统组织效率"。后来，卡普林斯凯（2011）将第三个因素"系统组织效率"改为"不同形式的价值链"，利用格雷菲（1999）对"买方驱动的价值链"和"生产者驱动的价值链"的分类，对全球化价值链的形成和升级进行了研究。

陈柳钦（2009）认为企业通过基本活动和辅助活动两种方式来创造价值链的价值，并且这些生产经营活动紧密联系，从而构成了一个动态的过程，即价值链。张少军和刘志彪（2009）认为价值链本质上是相同的，无论是在国际还是国内，价值链都是通过将相同商品的制造流程在不同区域间分割为许多片段，产生了经常性的、区域间的中间产品的流入与流出，这些贸易通过有机结合，产生了实际上的价值链分工体系，并且不同区域在资源配置和产品贸易过程中，将自身放置于市场势力链以及利得分配链上，力争同时实现二者的利益最大化。费兰蒂诺和塔廖尼（Ferrantino and Taglioni，2014）认为这一价值链的本质使得技术、知识、信息等要素沿着众多地区之间的价值链纽带不断地进行交互与渗透，从而使得地区间的协同互动日益增强。

5.1.2 产业链理论

产业链的思想可追溯到早期经济学家通过运用宏观视角研究分工、专业化与经济增长的关系。英国古典经济学家亚当·斯密有关分工的论述，对产业链功能进行了准确的叙述，但这一时期的经济学家认为产业链主要是制造业企业内部的活动。随后，产业链理论真正开始成形，其标志是英国新古典经济学家马歇尔关于分工也存在于企业与企业之间的精彩论断。第一次真正清晰阐释产业链概念的是赫希曼于1958年出版的《经济发展战略》一书，它清楚地说明了促进产业链形成的行业间的正向关联和反向关联作用。

20 世纪 90 年代，中国开始重视产业链。蒋国俊注意到，《有计划商品经济的实现模式——区域市场》中首次提出了"产业链"一词，该词由姚齐源、宋武生等人共同提出并认为"产业链"是其发展的中心。李心芹和李仕明通过调查相关资料后认为"产业链"这个名词最初是傅国华从海南发展热带农业的成功经验中获得启发而产生的。

产业链的本质是一条客观构成的链条式连结形式，它的形成基础是以某种技术—经济联系为基础，以特殊的逻辑和空间布局为基础的产业部门间的相互联系（魏后凯，2007；盛朝迅，2021）。蒋明新（2004）认为，产业链是以价值链为基础的一种新的空间组织形态，它具有以下四个主要特点：第一，在某一产业集群中，产业链是一种与某一特定产业集群的关联企业，它与某一特定产业集群中的某一重要部门紧密相连；第二，在整个产业链中，企业有长期的战略合作；第三，产业链是由不同的企业组成；第四，在各个重要领域，产业链上的合作伙伴关系可以像一个企业那样运行。刘桂福、赵英才（2006）根据以往的产业链分析，从多个方面阐释了产业链的形态：从行业的视角，产业链是集合构链、价值链、信息链、组织链、物流链、技术链、人才链、文化链和资本链于一身的生态链；从公司的观点来看，这是一种供应链；从产品的观点来看，这是一条生产链。杨丽娥（2008）指出，产业链的主要构成要素有四：一是产业链的层次性，是指通过上、中、下游企业层层转移到下一个产业，最终到达消费者；二是这条产业链是一个增值链条，也就是一个完整的链条，它不但使每一家公司的价值得到提升，也使整个行业的价值得到提升；三是产业链是工业生态系统中紧密相连的产业综合体，产业链任何一个环节的单一变化都会影响其他环节企业的绩效；四是产业链具有链条核心，它是以一个或多个具有较强竞争力或竞争潜力、科技含量高、产业联系紧密的强势企业或产业为链条核心、在一定地理区域内形成的产业链，链条核心企业在整个行业中占有重要地位。王兆华（2010）认为，基于区域间的客观差异，通过建立区域间的竞争优势，借助区域市场来协调地区间的专业化分工和多维度的需求，能够满足产业合作的形态和内涵。

5.1.3 产业价值链理论

产业价值链是以达到价值创造和增加为目标，建立在价值链和产业链理论上，将产业分工深化作为前提，基于产业链上各企业之间的价值活动特征，对整个链条上的价值活动进行高效重组的一连串活动的集合。卡普林斯凯（2000）认为，在行业内部和行业间的价值链中，并没有体现出不同企业的不同优势，而是体现了企业与行业间的关联。潘成云（2001）将产业价值链划分为广义与狭义两大类：广义的产业价值链应当包含各种类型的企业，这些公司可以满足顾客的需要；狭义的产业价值链是一组为满足顾客需要而直接提供服务体系的企业，去除了那些受到间接影响的企业。杜义飞、李仕明（2004）将"价值链"这一概念拓展到了"行业范畴"，从不同的企业角度分别提出了特定的产业价值链，以拓宽创新路径。在产业价值链中，商品的价值被划分为若干经济单位，企业的经营行为不仅对个体生产环节的价值有直接的影响，而且对整个产品的价值也有一定的影响。李平、狄辉等（2006）发现，产业链上的不同价值单元彼此联系，形成了一个"链"，从而催生了产业的价值链。陈柳钦（2007）提出了"链式"和"集群"两种类型的产业价值链。"链式效应"有助于企业间的分工和合作，推动技术的发展；集群效应有利于带动新公司的兴起、"区位品牌"的创建、生产成本的下降、创新氛围的营造和区域经济的增长。韩士元和陈柳钦（2007）指出产业价值链体现出价值的传递与产生，是一种包含在产业链后面的价值组织与创造结构，能高效地完成全产业链的价值。吴红雨（2016）认为，区域、国际分工格局从行业内部分工为主到产品内部分工为主，产品的竞争逐渐被产业价值链的竞争替代，企业、地区甚至国家都是全球产业价值链竞争的参与者。

总而言之，价值链在产业层面上的延伸，使整个产业链的价值链得以重新组合，是一个行业持续转移和生成价值的渠道。随着经济一体化进程的加快，行业内部的分工不断加强，价值链中的各个环节也在不断向各国和区域间转移，从而形成了全球范围的产业价值链。从价值转移的角度来看，发达国家在产业链上具有相当高的价值，而发展中国家则相反。在世界范围内的产业价值链的分布有利于发展中国家的经济增长，同时也为其产业结构改善创造了良好环境。

5.1.4　基于包容性增长的西部资源型地区产业价值链重构理论

在一般增长视域下，西部资源型地区产业价值链整体处于较低水平，中游产品长期内低端锁定，严重制约地区经济可持续发展。本书综合考虑机会平等、效率与公平、成果共享、持续创新因素，在包容性增长视域下，地区产业价值链不断下移，上、中、下游产品附加价值持续降低，甚至出现产品附加值为负的现象，进一步阻碍地区经济增长。西部资源型地区的资源型产业发展大多处于产品生产中游阶段，生产产品长期低端锁定，在包容性增长视域下进行产业价值链重构势在必行（见图5-1）。

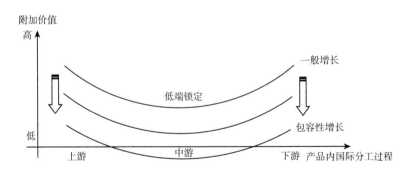

图5-1　西部资源型地区产业价值链

产品内部的国家分工使产品的生产过程变得分散和国际化。处在价值链高端的是研发、设计、品牌等，而处在价值链最底层的则是零部件生产、产品制造、装配加工、批量生产等。在企业、地区之间，价值链被不断地分割，并分成了不同的增值阶段。各地区在不同的生产流程中，都会有不同程度的专业化，这将直接导致地区的产业价值链重建，即通过市场的筛选把一些可以融合的片段重新组合起来并赋予新的价值。在包容性增长视域下，附加价值高的生产环节更加高端，附加价值低的生产环节更加低端。产业价值链重构不只是为了实现经济可持续发展，更是为了提升自身在价值链中的相对位置，实现从低端锁定向高端跃迁的目标。

产业链系统包括创新系统、制造系统和服务系统，价值链系统包括供应商系统、消费者系统、市场系统、竞争对手系统，地区产业价值链重构由产业链系统、价值链系统共同驱动。西部资源型地区产业价值链重构以价值链、产业链、产业价值链理论等作为基础理论，注重产业链系统和价值链系统的结合，旨在包容性增长视域下，增加产品内国际分工各过程的附加价值，提升地区在价值链中的位置，促进地区资源集约、环境优化、经济增长（见图5-2）。

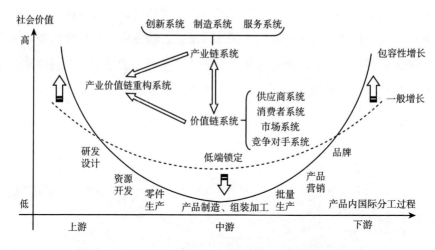

图5-2 包容性增长视域西部资源型地区产业价值链重构

5.2 产业价值链重构路径分析

5.2.1 资源优化配置

资源优化配置指的是为达到资源最优的配置，以平等性、竞争性、法制性等基本原则为前提，让市场发挥决定资源分配的作用，通过市场的自我调整来实现对资源的分配，并按照价值规律来调整供求关系。资源优化配置拥有三方面的正面效应：推进科技与经营管理，提升劳动生产率；指导企业根据市场需求进行生产要素配置，以达到满足需求的目的；充分利用市场竞争，提高产品制造和运营能力。

具体来讲，资源优化配置是指资源的有效利用，重点是落在"优化"这一概念上，其针对的对象不仅是单个企业内部小范围的人、财、物、科技、信息等资源的最优配置，也涵盖社会大范围内的人力、资源、财物的最佳配置。资源配置是否达到最优的评价标准，主要取决于资源的利用能否提升企业的生产效率，以及能否极大地改善了公司的经济利益。由于市场上优胜劣汰的竞争机制，一些行业内技术落后、生产效率低下、经济效益较差的弱势企业势必会因为产品与服务的市场竞争能力不足而破产倒闭。所以，从资源利用这一方面审视，资源的配置是否达到最优化最终取决于是否能达到高效率、高收益的生产。

市场是一种高效的资源分配形式，也是优化资源配置的主要依赖路径。市场经济依靠自身开发、平等、法制和竞争等特征，自发地进行优胜劣汰的选择，达到优化产品的生产者和经营者之间的资源分配，从而将社会的资源调整到最优的企业，达到社会资源在最大限度上的配置与优化。

然而，基于其自身的自发性、盲目性和滞后性等缺点，有必要对其实施宏观调控，以实现社会公共环境、经济和社会的可持续发展。在企业内部，资源的最优分配是由市场决定的。优胜劣汰是市场经济的最大特征，它可以使企业的技术、管理和劳动效率最大化，以实现经济效益的优化。同时，它还能推动企业面向市场进行生产组织、建立和完善创新体系、优化资产结构，从而实现企业在微观、部门和区域三个层次上的资源最优化配置。

资源的合理分配与社会经济的协调与可持续发展是实现资源最优分配的先决条件。把分配到的资源通过合理的配置来实现产品的生产，就是一个社会的生产过程。在资源有限的情况下，在某一产品的生产上进行投资，势必会使另一种产品所消耗的资源减少，这就要求人们在各种可供选择的资源中做出最佳的选择，从而实现最大的社会效益，最大化地满足社会的整体需求。在此基础上审视人类社会发展的进程，可以认为这就是一个人们在寻求最优配置资源、最大限度地开发其有限资源的价值、以最大限度地满足自身的生存与发展需求的过程。在市场经济条件下，市场对经济社会中各个部门的资本和劳动力进行合理分配，而国家着眼于宏观调控经济社会发展的可持续性，通过编制国家经济与社会发展的战略目标，做好经济发展计划和总量控制，重塑社会生产重大结构和优化重大生产力布局，达到确保社会生产的平稳运行、使有限的资源得到充分的利用的目标。

因此，西部资源型地区资源优化配置需要从以下方面入手：

（1）加强资源资产管理，资源市场管理的前提是资源资产管理。资源资产管理是指根据资源价值确定资源的市场价格，并利用市场价格调整资源价格，并利用市场上的价格来调节资源的价格，形成一个针对资源高效运转的市场机制，实现资源的最优配置，从而达到资源整体的有效利用和供应保障。

（2）健全资源市场经济，必须从法制、经济两方面着手。各级政府要建立行为规范、协调运行、公平透明、廉洁高效的管理体制，担负起经济调控、市场监督、社会管理和公共服务的职能。市场经济的发展过程中，资源开发、评价与利用、市场主体行为、市场经济秩序维护、公平竞争等都离不开政府对资源市场的宏观调控，都需要法律的规范、引导、约束和保障，从而保证资源的最优分配。

（3）推进产业结构调整，合理改善物质消耗，增加科研经费，延伸资源相关产业上、下游链条，实现多元化战略。积极运用高新技术改造高能耗、高污染的传统产业，促进产业升级改造，推动服务业和高科技产业的发展，从而降低地区整体能源消耗与污染排放。

（4）加速信息化建设，网络信息技术在推动生产要素合理配置、优化产业结构、调整生产关系、实现国民经济和社会发展的历史性变革中已逐渐成为推动国民经济发展的新力量。因此，我们要加快培育拥有自主知识产权的核心技术，加快资源的综合开发。

5.2.2　传统产业结构的优化

（1）传统产业划分。现代社会普遍认为传统行业就是以煤炭、钢铁、化工和机械制造等行业为代表的劳动密集型的资源产业，这些产业普遍使用传统能源，大量运用机器，是国民经济的支柱产业。不难看出，无论是今天的发达国家还是发展中国家，都是依赖于传统工业的发展。一种工业是传统工业还是高技术工业，学术界并没有进行太大的区分，因为随着时间的推移，技术的发展，高技术行业也会逐渐成为传统行业，所以政府必须要把重点放在一个行业上，一国或一个地区必须要根据其自身的情况和自身的产业发展情况来适当地选择主导产业。

就本书所研究的西部资源型地区城市而言，因为在教育、资本、基础设施、科研、人力、技术等要素上显著落后于东部的发达地区城市，同时，天然的资源禀赋使得该地区在产业发展过程中对资源开发的依赖程度更高，由此以煤炭开采、加工为代表的资源型产业成为其产业结构体系的支柱产业和赖以发展的主导产业，因此，西部资源型地区的支柱产业、主导产业和传统产业则统一为资源型产业。

（2）传统产业的特点。西部资源型地区传统产业具有三个特点：对不可再生资源有着巨大的需求量，在国民经济中占据主导地位，关系到社会生活的稳定，具有比较成熟的消费市场；由于受到技术条件的限制，导致对资源的利用效率不高，造成了大量的无价值的资源损耗，而在生产过程中不但忽视对设备、技术进行适时升级改造，还将目标仅仅停留在生产产量的提高和效益的改善，使整个生产过程存在着安全风险，从而降低了劳动生产率；由于技术水平的落后，致使资源利用率低下，从而对生态环境的损害也越来越大，对环境的影响也越来越大。为防止进一步损害生态环境和生态系统，这一问题必须得到及时的解决，并对落后的生产技术进行更新升级。

当前，由于资源型产业已经成为西部资源型地区大部分城市的支柱产业，这就使得"资源诅咒"的这一作用的表现更为突出。同样，在创新驱动、资源利用、环保等方面，西部资源型城市的转型发展前景也不容乐观。在这样的大环境下，促进现有产业结构的调整升级已经是当前西部资源型地区产业转型发展的首要任务，但基于各资源型城市在传统产业发展过程中的现实情况存在差异的客观实际，应从各城市传统产业的现状与问题出发，因地制宜地探讨该城市传统产业结构优化的具体路径。

因此，西部资源型地区优化传统产业主要应该从以下几个方面入手：

（1）延伸接续产业链条与培育替代产业相结合。资源型产业转型模式是走延续资源深加工、精加工、提升产品附加值、拓展上下游链条、发展新能源产业，培育替代产业互相支撑的路径。随着经济发展，西部资源型地区正面临着化石资源日益枯竭的现状，其应紧跟国家能源政策，转换发展路径，充分利用自身除矿产以外的资源，因地制宜地发展以水能、光电、风能为代表的新型清洁能源为基础，通过优化和发展新的经济增长点，实现能源结构的优化升级，同时促进以配套服务为代表的相关产业的发展，巩固老工业基地的基础性地位，实现经济的换挡升级。

（2）建立循环经济产业园，实现矿产资源加工增值。新能源产业本身具有良好的发展潜力，而西部资源型地区又有着电力充足、矿产丰富、地域广大的特点，两者结合可通过矿产资源的现场勘查与开采、大型且高效的循环经济园区的建立、高载能冶炼企业和新能源产业的大力发展实现对矿物资源的深度加工和精加工，提高产品附加值、拓展产业上下游链条，使其变成西部资源型地区产业结构优化升级的主要支柱。大部分西部资源型地区位于西部边缘地区，生态环境恶劣，环境容量较小，同时又面临着工业基础羸弱、主导产业竞争力不足等一系列问题。要实现产业重构，国家应降低产业准入条件，批准西部资源型地区合理开发高载能行业，促进当地经济增长和就业增加。

（3）加速资源型工业技术改造，提升其自主创新能力。西部资源型地区通过利用当地丰富的矿产资源和廉价的劳动力，使其资源型产业获得了长足的发展。然而，大多数西部资源型地区的技术资源、知识资源等要素却处于短缺状态，随着资源型产业的深化发展，技术进步在其中扮演的角色越来越重要。它通过对现有落后的生产技术和结构进行适时的升级和改造，提升了产品的价值，将经济增长从粗放型转变为集约型，让其生命力重新焕发。因此，资源型地区要最大限度地发挥自身的比较优势，大力发展智力资源，构建创新型人才培养体系，发挥人才在创新驱动中的核心作用，推动资源型产业的技术升级，增强其自主创新能力，减少能源消耗，改善生产效益，进一步缓解该地区的生态环境压力，形成技术创新的长效驱动机制，从而促进地区资源型产业的长远发展。

（4）增强环境监管力度，推进产业生态建设。加强环境治理和产业生态化建设，从源头上消除污染，全面加强污染综合治理，切实改善人民生活质量，增加民生福祉。加强环境硬约束，细化节能减排方案，调整产业结构，淘汰落后和过剩产能，加强污染防治综合整治，及时升级改造现有的生产工艺。建立环保准入制度，加强环保评估。通过建立健全环境准入体系、科学的环保评估体系，有效地提升新增产能效益、优化产能结构、推动企业实现转型升级。严格执行环境影响评价制度，建立完善的联合防控机制，推进差异化污染物处理费用、建设环境守法信用体系、健全环境执法监管机制。加强监督检查工作，增加对应在规定期限内整改的项目和清洁生产方案的审查，确保企业按时达成指标，基本上实现污染物的稳定达标排放。

（5）刺激产业科技创新。产业科技创新是产业从低端走向高端的必经之路，要实现产业的转型升级，就离不开创新和人才支撑的作用，而创新不仅指的是技术的创新，也涵盖商业模式和思想的创新。因此，在西部资源型地区，要以科技创新和人才支撑为核心，实现资源型产业的改造升级，即通过先进科技对原有产业的技术和产品进行更新升级，并融合新能源、新设备和新技术，实现核心科技的突破，完成产业升级，延伸上下游产业链条，提高产品附加价值，形成可持续且难以模仿的竞争优势。实施人才战略，充分利用地方人才资源，适当引入外来优秀人才，做好人才服务和培养工作，充分发挥各类人才的优势与长处。

5.2.3　战略性新兴产业的培育

战略性新兴产业是关系国民经济、社会发展和国家安全的重要支柱行业。这一战略目标既是面向未来，又是具有指导性的，有可能成为一国经济发展的中流砥柱，与我国的产业结构调整与升级有着密切的联系。2010 年10 月，国务院出台了《关于加快培育和发展战略性新兴产业的决定》，阐明了战略性新兴产业的中长期发展目标。各地政府抓住这个机会，纷纷将发展战略性新兴产业列为重要任务。

基本公共设施建设、政府正常运转及社会基本保障等制度建设是维持城市正常运转必不可少的条件。在城市发展的进程中，没有坚实的经济基础来保障财政的稳定收入，那么城市的转型升级就无从谈起。财政收入不足是所有资源型城市面临的核心问题，其后果是将无法维持城市的正常运营和转型升级。资源型产业是资源型城市发展的核心，它的发展离不开本地的矿产资源，如果资源无法支持相关行业的发展，那么资源型城市的发展将会直接陷入停滞。所以，资源型城市都必须调整自己不合理的产业结构，寻找符合当地发展优势的新兴产业，以替换高污染、低附加值的资源型产业，来促进经济的健康发展。

（1）西部资源型地区战略性新兴产业选择原则：一是市场前景光明；二是运用高新技术；三是能提供高端岗位；四是对其他行业具有明显的带动作用；五是能够推动主导产业的转型升级；六是与本地实际情况相符。

（2）资源型城市的新兴主导产业特点：

①具备潜在增长性。资源型城市要选择具有潜力的优势工业，才能进行新兴优势产业的选择。新兴主导产业具有以下两个特点：第一，较高的需求收益弹性。需求与收入弹性是指消费者对某一产业产品所产生的需求的响应。当居民的收入提高时，他们对该行业产品的需求就会上升，因此需求收入弹性高的行业具有广阔的市场前景。随着居民平均收入的不断增加，该行业也可以持续运行。第二，产业增长也是衡量其潜在增长力的重要参考依

据。在市场机制作为资源配置决定性力量的情况下，产业发展速度越快，就意味着消费者对该产业的产品需求越大。

②对其他产业、区域具较强带动性。资源型城市选择新兴主导产业需重点考虑两点：第一，要考虑所选产业决定的增长特征；第二，所选产业的辐射性。第二点相当重要，具体包括对相关产业、周边地区的辐射、拉动效应，它要求新兴主导产业能够与该地区的其他产业协调发展。同时，新的主导产业能够促进本地区的相关产业发展，形成一条完整的、相互促进的、良性循环的产业链。除此之外，还要求新兴主导产业同周围地区的产业具有较大的关联度，在匹配、互补的基础上，追求相互促进、共同发展，在大环境下能形成一个正向增长的产业群。新兴主导产业的带动作用有以下两个决定因素：

a. 新兴主导产业对其他产业的影响能力。如果影响系数大于1，则表明新兴主导产业对其他产业具有正向影响，即具有驱动效应。影响力越强，其带动作用也就越强；相反，则表明它没有驱动作用。影响力主要取决于新兴主导产业与其他产业的相关性，以及它们在产业链中的地位和重要性。

b. 其他行业对新兴主导产业的敏感性。新兴主导产业的带动能力是首要条件，其次是其他产业对这种带动作用的感应能力，即新兴主导产业带动能力不变的情况下，其他产业的感应能力越强，其对受到的带动所做出的反应也就越显著。以电商行业为例，近十多年来，人们的物质生活提高之际，网购的需求也日渐增大，电商行业发展迅速，这同时就带动了与之相关的包装业、物流业的发展，表明电商业对物流等行业具有极大的带动作用。因此，具有较强带动作用的新兴产业对区域发展的促进作用更显著，也更持久。

③可持续发展目标的导向。可持续发展是我国发展的主要目标之一。资源型城市的迅速发展离不开丰富的自然资源，其中产生了以环境污染为首的严重问题，因此付出了巨额治理成本等一系列惨痛代价。因此，资源型城市在进行转型时更要充分考虑到所选主导产业的可持续性，避免走历史弯路。具体而言，新兴主导产业应是较低能耗、较小污染的产业，避免过度消耗自然资源、对环境产生严重且难治理的污染。资源型城市在选择适合的新兴主

导产业之后，应积极主动在市场中发挥"看得见的手"的作用，调节市场的资源配置机制、控制生产市场的污染产出；在控制污染产出方面，资源型城市政府应积极响应国家"绿色税收"号召，制定适宜区域的绿色税收政策，以此来有效控制产业污染问题；此外，还应配有相应的环境污染惩罚制度，并加大施行力度，在保障新兴主导产业稳扎根的同时，实现区域环境保护水平的提升。

④促进就业稳定。在选择新兴主导产业时，资源型城市应注意所选产业在该地区的就业能力。一方面，应该选择能够促进就业的产业，并对区域内的劳动力有一定的容纳和吸收功能；另一方面，应选择对劳动者素质有提升作用的产业，劳动素质的提升不仅可以能促进产业发展，同时也能够增强劳动力竞争力。资源型城市是依靠自然资源而发展的，因此大多数产业均属于劳动密集型产业，目前资源型城市所容纳的劳动力数量较庞大。若所选择的新兴主导产业机械化程度较高且对劳动力的需求急剧减少，那么则会导致大量劳动力无法就业，不仅会给政府造成极大的社会保障压力，也会给城市安全方面带来不稳定因素。因此，应重视新兴主导产业的就业容纳能力。政府还需在产业转型为新兴主导产业的过程中做好劳动力的救助、安置和提供再就业机会等相关工作。

除此之外，资源型城市在选择新兴主导产业时，还需要重点关注所选产业与当地劳动力市场的契合程度。资源型城市主要的产业类型为劳动密集型，劳动力素质相对较低，若所选的新兴主导产业技术含量过高、对劳动力素质要求较高，那么区域内可以与之匹配的劳动力资源就较少，则新兴主导产业的引入会导致劳动力过剩。因此，资源型城市在选择新兴主导产业时，应尽量避免选择劳动力质量要求与区域劳动力质量差异较大的产业。同时，各级政府要积极开展劳动力培训和其他有关工作，以提升当地劳动者的素质，使所选择的新兴主导产业能够顺利落地。

一般而言，新兴主导产业在发展阶段具有产业规模扩大的特点，劳动力需求也会增加，因此也会促进资源型城市的就业。另外，新兴主导产业的辐射带动效应也会推动本地区其他行业的发展，从而带动区域内的就业。

西部资源型地区要加快建立"传统优势产业 + 重点支柱产业 + 战略性新兴产业"协同发展的迭代机制。西部地区既是我国重要的能源基地，同时也是我国装备制造、资源深加工的重要基地更是新兴产业发展的重要战略基地。所以，西部地区要以国家发展战略为契机，大力发展农牧业、服务业、现代工业等具有区域特色的产业，并加快现代产业体系的建设，将资源优势真正转变为经济优势。目前，战略性新兴产业是我国产业结构优化升级需要关注的核心产业，西部地区除了发展本地优势产业之外，还应培育航天航空、电子信息、核应用、新能源、生物医药等方面的相关产业，如氢能燃料电池制造、高端芯片研发与生产等产业，并给予重点支持，促进战略性新兴产业平稳、有序发展。

我国西部地区拥有充足的资源，具有大力发展新能源产业的先决条件。其中，西北部的新疆、青海、陕西、宁夏拥有丰富的风能和太阳能等新能源产业所需的清洁能源；西部资源型地区多山地，蕴含着丰富的矿产资源，除了在过去几十年已经大力开发的煤矿资源外，还拥有大储量的稀有金属资源。在这两个先决条件下，西部资源型城市政府应加大对战略性新兴产业的资金投入、从政策上进行引导、增大相关技术的流入，大力发展信息技术制造、新能源电池等相关的战略性新兴产业。西部资源型地区具有产业基础良好的装备制造业，其中，山西的高端装备制造业优势突出，四川的民用航空、先进制造业等产业形成了地区特色。在西藏，极具特色的生物制药和农业不仅拥有得天独厚的优势，更具有极大的市场潜力。目前，这些产业已经初具规模。而云南的现代农业、生物医药工程等产业也依托地区资源特色发展壮大。

对于能源丰富的西部资源型地区可以利用其资源禀赋优势发展新能源产业，比如攀枝花市，具有大量的石墨烯、钒、钛等矿产资源，用以加快石墨、石墨烯、钒钛合金为重点的新材料发展。攀枝花丰富的水能、光能以及风能还可转换为其他能源，在实现资源持续利用的同时培育出新兴产业，又能增加劳动就业并吸纳技术人才。利用西部地区特色的民风民俗文化，立足自身资源的优势，积极培育活动载体，丰富推介手段，借助地区特色的农产品加工大力发展现代农业发展，通过耦合发展区域的生产工艺和服务业盘活制造业和现代服务业。此外，凭借西部资源型地区独特的资源、区位等优势，加大引入资金、技术的力度，为该地区的产业结构优化升级、多元化现代产业体系建设、经济发展方式转变提供强有力的基础。将资源消耗性的传统工业之路逐步转变为迈向以科技为主的新型工业道路，依托"一区三园"，将引入的新兴科技项目作为转型升级的重要推手，逐步打造由循环经济、新能源和石油化工组成的新发展基地。

5.2.4 绿色生态位构建

（1）绿色生态位的内涵。随着科学的发展，生态位的概念不仅在生命领域中运用广泛，还逐渐扩展到了产业、经济发展等非生命领域中。生态位理论以环境因子的影响作用为重要基础，它包括社会环境因素和生态环境因素。其中，社会环境因素包括经济、文化、政治等因素，生态环境因素包括时间、自然环境、资源条件等因素。在企业的生态环境中，企业之间主要有两种关系，一种是掠夺和竞争的关系，另一种是共生关系。与生物界一致，产业系统的压力筛选是促进产业间协同演化的关键因子和动力源。基于此理论，产业的绿色生态位可以视为该产业系统主动识别产业系统中关键生态影响因子、整合系统资源、创造绿色价值，最终实现产业绿色生态位跃迁、产业绿色转型、力求提升产业绿色发展能力的一个过程。总体而言，系统内产业个体所处生态位的异质性和不对称性越丰富，系统的组成结构越复杂，那么其应对灾害、压力等影响时所表现出的抵抗力和稳定性就越强，即能更好地适应环境、更有力地获取相关资源，通过创造绿色价值来满足市场需求。

（2）绿色生态位评价指标体系。从绿色生态位内涵中可以看出，绿色生态位不仅要求保护生态环境，也要反映经济发展和居民生活质量的提高，因此可以参照相应的绿色转型和绿色发展指标来对某产业的绿色生态位进行量化评价，以全面反映西部资源型城市转型绿色发展的各个方面要素。具体而言，可从生态环境、经济发展、社会环境等方面来选取有关指标，如表 5 – 1 所示。

表 5 – 1　　　　　　　　绿色生态位/产业绿色转型发展评价指标体系

综合指标	一级指标	二级指标
绿色生态位/绿色转型发展能力	经济发展	人均 GDP
		第三产业 GDP 占比
		工业生产原煤消费量占工业生产总能耗比重
	环境质量	工业烟（粉）尘排放量
		工业 SO_2 排放量
		工业废水排放量
		工业用水重复利用率
	生态保护	森林覆盖率
		城市人均绿地面积
		空气质量优良天数
		风景区面积
		环境保护支出占财政支出比重
	居民生活	万人拥有公交运输车辆
		人均生活消费用电
		人均日生活用水量

指标解释如下：

①经济发展指标。它是反映经济增长、经济结构、经济发展的绿色程度的指标。在这些指标中，人均 GDP 用来衡量区域经济增长水平，第三产业 GDP 比重用来表示区域经济发展结构。针对资源型城市，建立了原煤消费量占工业生产总能耗比重的特征指标，以反映资源型城市经济发展中煤炭资源对能源消费结构的影响。同时，它也可以反映能源消费结构的清洁水平。

②环境质量指标。资源型城市中资源型产业占比较大，对资源开发强度较大，而资源用于生产的过程会产生大量的烟粉尘、有污染性的废水等排出物，导致空气指标数值恶化、环境污染等问题。因此，本书通过选取工业烟尘排放量和工业排放量等指标来分析城市改造对环境质量的改善，并选取工业废水排放量和工业用水回用率来衡量城市产业发展的清洁度和循环利用

程度。

③生态保护指标。森林是一个地区的重要生态资源。通过选取城市森林覆盖率、人均绿地面积来表征城市生态资源的丰富程度。同时，以城市空气质量优良天数来对生态环境的保护效果进行直观反映。资源型城市在开发和利用矿产资源后，将留下大面积的矿区，该地类无法具有正常的耕地的功能，因此一般会将其改造后作为旅游景点进行再利用。基于此特点，选用资源型城市该类旅游景区面积作为环境治理程度指标，同时也可以反映出旅游业的发展变化情况。最后，用政府环境保护支出金额来展现资源型城市对生态保护的重视程度。

④居民生活指标。城市产业转型对改善生活、提高绿色发展水平具有重要影响。为了表征居民出行的便利性和绿色水平，因此采用每万人使用公共交通车辆数作为指标。同时，采用人均生活用电量和人均日生活用水量来反映居民的生活能耗水平。

5.3　价值链重构模式选择

我国将资源型城市分为四大类型：成长型、成熟型、衰退型及再生型。

这种划分是根据地区的可持续发展差异和资源保障能力来进行的。地区价值链重构与其资源环境状况密切相关，不同类别的资源型城市的价值链重构模式也有所不同。

成长型资源型城市是资源开发初期的城市形态。区域内具有丰富的、保障潜力大的资源，发展后劲足，城市发展处于上升阶段。基于成长型资源型城市良好的发展前景，其价值链重构最优模式为产业融合发展。产业融合是指以第三产业为核心、可持续为科学发展观，提高资源分配效率，多层次促进产业价值链的提升，进而实现资源优化再生的智慧经济，创造更多的新经济增长点。产业融合是现代经济体系实现产业升级的重要途径。以资源型城市六盘水为例，该地区的发展曾过度依赖煤炭资源，而煤炭资源的有限性必会成为将来经济发展的一个"定时炸弹"，因此该地区积极承接、转移我国东部发达地区的产业，坚持产业融合发展、创新发展，逐渐形成了以新材料、特色农产品精深加工、高级装备制造为主导的特色产业，培育壮大新能源、节能环保、互联网＋等重点产业，其社会结构处于刚性向柔性过渡阶段。

成熟型资源型城市是资源开发趋于平稳的城市形态，经济发展水平高，资源保障能力强，是我国当前能源安全的核心地区。根据成熟型资源型城市的现状，产业链、价值链中高端延伸成为该类地区经济向前、向好发展的关键。社会经济由一些相互勾连的产业链条组成，产业链主要包括研发设计、制造和销售三个大环节，每个大环节又可以拆分成更长的供应链，从而拆分出更多的价值链节点，一个地区要发展，必须至少有一个优势价值链节点，成熟型资源型城市价值链重构要求此类地区以原优势价值链节点为基础，占领上下游价值链节点。以攀枝花市为例，攀枝花市作为成熟期资源型城市开始探索转型之路，着力加大技术创新力度，加强钛产品、拓展钛产品的生产能力，积极推动地区产业价值链向中高端延伸，打造新的钛链，使钒渣、钒氧化物的产业链逐步转为钒铁、钒氮合金的冶金用钒制品的全系列产业链。而在该地，充足的水资源和丰裕的光热资源都可以助力传统农业的改革，特色农业、生态旅游农业、品牌农业等都是未来农业发展的方向。要做优做强现代农业，农业精加工项目、产品附加值提升等都为该地区价值链的重构提供了方向。

衰退型资源型城市是历经高速发展后的资源型城市形态，表现为资源枯竭引起民生问题、生态环境问题等，区域经济发展已处于滞后状态。此外，这类地区经济发展缓慢、社会矛盾突出，亟待转变经济发展方式，地区产业价值链重构刻不容缓。价值链重构的核心要义在于通过优化组织结构、业务流程和信息流来降低企业成本和内外部风险，提高生产效率，增强市场竞争力，实现从职能型向流程型的转变。以玉门市为例，玉门市凭借其先天的石油优势，在早期一直以石油开采、加工为主营业务，随着石油储量的日益枯竭，玉门也逐渐丧失经济活力，陷入发展瓶颈期，产业价值链重构成为玉门的唯一选择。

资源型城市是一种经济发展方式的转换，摆脱资源的桎梏，是资源型城市转型的示范区和先行区。再生型资源型地区在产业转型升级方面取得了显著成效，基本摆脱了对资源的依赖性，这类地区经济进一步发展应将创新放在首位。从总体上看，技术创新是拉动产业创新的火车头，科技创新是产业进行转型和创新发展的首要来源。科技创新包括科学技术方面发明、发现的科研成果，这种成果可用于企业进行生产。目前，科技创新是产业创新的重要推手，依托科学突破、科学技术创新能直接推动产业升级和产业更迭（见图 5 – 3）。

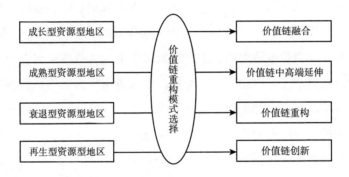

图 5 – 3 西部资源型地区价值链重构模式选择

5.4 典型地区产业价值链重构分析

胡梅尔斯等（Hummels et al.，2001）提出用生产非一体化指数来度量区域切入国内价值链程度，利用投入产出表法来测量该区域的生产分割程度，以此衡量该区域价值链水平，进而对该地区价值链重构进行深入分析。基于区域间投入产出表，假设经济中有 n 个部门，即行业 i 的生产非一体化的数量为：

$$vd_i = \left(\frac{M_i}{Y_i}\right) \cdot X_i = \left(\frac{X_i}{Y_i}\right) \cdot M_i \tag{5-1}$$

其中，M_i 表示行业 i 进口的中间投入，Y_i 表示行业的产出，X_i 表示行业 i 的出口，vd_i 表示行业 i 进口中间输入占进口总额的比重。

行业 i 进口中间输入占进口总额的比重，即行业 i 的生产非一体化比重为：

$$vdi_i = \left(\frac{X_i}{Y_i}\right) \cdot M_i \cdot \frac{1}{X_i} = \frac{M_i}{Y_i} \tag{5-2}$$

各个行业出口额中的进口中间投入比重，即各行业整体的生产非一体化比重为：

$$vdi = \frac{vd}{X} = \frac{\sum_i vd_i}{\sum_i X_i} = \sum_i \left[\left(\frac{X_i}{X_k}\right)\left(\frac{vd_i}{X_i}\right)\right] \tag{5-3}$$

其中，$X_k = \sum_i X_i$。

将式（5-1）代入式（5-3）可得：

$$vdi = \frac{\sum_i vd_i}{X_k} = \frac{1}{X} \sum_{j=1}^{n} \sum_{i=1}^{n} \frac{X_i}{Y_i} M_{ji} = \frac{1}{X} u A^M X^v \tag{5-4}$$

其中，M_{ji} 为 i 行业从别处 j 行业进口的中间投入，u 为 $1 \times n$ 维的单位行向量，A^M 为 $n \times n$ 维的进口系数矩阵，X^v 为 $n \times 1$ 维的出口向量。

引入完全系数矩阵，则有：

$$vdi = \frac{1}{X} u A^M (I - A^D)^{-1} X^v \tag{5-5}$$

其中，A^D 为国内消耗系数矩阵。$A^D + A^M = A$，A 为投入产出表中的直接消耗系数矩阵。$(I - A^D)^{-1}$ 为列昂惕夫逆矩阵，表示在第 2，3，…，n 个阶段，反映在各个工业部门的中间输入在最后的出口额上的直接和间接的累积作用。故而式（5-5）反映了一种贸易周期，它反映了地区经济各个部门在产品出口前的直接或间接的技术经济关系。

值得注意的是，利用投入产出表中相对总体部门数据计算时，vdi 的真实水平有一定程度的偏离，部门划分越粗，vdi 的精确性越低；越是靠近下游，中间品的投入比例越高，vdi 指数越大；越是处在一个行业的早期阶段，vdi 越小。

随后，我们通过 M_{ji} 来确定进口系数矩阵。在输入输出表中，如果没有区分输入和国内的中间输入，则必须假定以下两种假设：第一，各行业使用的 i 行业的中间输入，其进口中间输入的比重在各部门之间是均等的；第二，在中间输入和地区之间的产出和最后产品的输入与地区之间的比率是一样的。

令 C_i^m 和 C_i^d 分别表示在行业的最终产品中进口和区域生产的数量，I_i^m 和 I_i^d 分别代表工业中的进口量和地区产量，基于上述两种假定可得进口投入比在各产业中的比重为：

$$\lambda = \frac{I_i^m}{I_i^m + I_i^d} = \frac{C_i^m + I_i^m}{C_i^d + I_i^d + C_i^m + I_i^m} \qquad (5-6)$$

也就是说，i 产业所提供的中间投入中，进口所占的比重等于 i 产业的总进口对（GDP + 进口 – 出口）的比率（平新乔等，2005）。

根据投入产出表，式（5-6）的比例 λ 可以写为进口/（总产出 + 进口 – 出口）。通过计算每个行业的 λ，将 λ 与直接消耗系数矩阵 A 的每行相乘得到进口系数矩阵 A^M，即

$$A^M = \lambda \times A = \frac{进口}{总产出 + 进口 - 出口} \times A \qquad (5-7)$$

求得进口系数矩阵 A^M，代入式（5-4）和式（5-5）。也就是说，i 产业所提供的中间投入中，进口所占的比重等于 i 产业的总进口对（GDP + 进口 – 出口）的比率 M_i，将 M_i 代入式（5-1）、式（5-2）和式（5-3）就可以计算出所需指数。

由以上公式的推导可知，生产非一体化指数包含三个层次：第一，代表地区、产业的非整合水平；第二，生产非一体化指数的计算方法是利用各个

行业的中间投资作为衡量标准，由此可以看出，生产非一体化指数能够反映本地区与其他地区的产业关联性；第三，公式中采用的是列昂惕夫逆矩阵，因此生产非一体化指数还能反映不同产业间的技术和经济关系。

就一个地区（一个国家的一个省或地区）的投入产出表而言，由于这个地区与其他地区的关系是"进出口"和"地区之间的贸易往来"，所以在计算价值链时，这个比率就变成了（进口＋进口）/（进口＋进口）/（出口－出口）。然后用投入产出表的直接消耗系数矩阵 A 的每行乘以相同的比例就可以得到进口和调入系数矩阵 A^{M+I}，即

$$A^{M+I} = \frac{进口 ＋ 调入}{总产出 ＋ 进口 ＋ 调入 － 出口 － 调出} \times A \qquad (5-8)$$

如果是从一个区域到另一个区域的调入，则用各个部门的输入和输入因子矩阵（输入＋输入）A^{M+I}，那么，就可以得出一个国家的区域内部价值链的等级来表示该地区对于一国其他地区的切入价值链的程度，即

$$GVC = \frac{进口}{进口 ＋ 调入} \times A^{M+I} \qquad (5-9)$$

若采用的是该地区对其他地区的调出入数据，就用各部门的［调入/（进口＋调入）］来乘以进口和调入系数矩阵 A^{M+I}，则可以得到一国某一地区的国内价值链水平来表示该地区对于一国其他地区的切入价值链的程度，即

$$NVC = \frac{调入}{进口 ＋ 调入} \times A^{M+I} \qquad (5-10)$$

本书所研究西部资源型地区在我国要素投入时期为区域和国民经济增长做出突出贡献，但是，随着我国经济进入高质量发展时期，资源型地区资源保护、环境优化、经济发展面临诸多问题，逐渐成为我国经济发展的短板。西部资源型地区产业结构低级、工业结构单一、资源极度依赖，造成西部地区产业链条较短，产业空间异质性明显，切入全球价值链程度不高，因此，本书的研究主要是基于地区投入产出表来测度地区的国内价值链水平。

　　本书选取西部资源型地区中具有代表性的三个城市进行实证研究，以最大程度反映西部地区实际情况，这三个城市分别为产业转型成功的四川省攀枝花市、产业转型失败的甘肃省玉门市、资源型产业转型效果处于两者之间的贵州省六盘水市。其中，甘肃玉门产业转型过程中资源型产业链断裂，该地区构建的其他产业链不再属于我们的研究范畴，因此本部分内容仅对产业转型效果较好的攀枝花市和六盘水市的价值链进行实证研究，分析产业转型过程中的地区产业价值链水平变化。

　　（1）攀枝花市产业价值链重构分析。分别求得攀枝花市 2012 年、2015 年、2019 年的地区产业价值链水平，以此进行地区产业价值链重构分析，实证结果如表 5-2 所示。

表 5-2　　　　　　　　　　　　　攀枝花市价值链水平

产业	2012 年		2015 年		2019 年		综合排名
	NVC	排序	NVC	排序	NVC	排序	
第一产业	1.1268	4	1.1260	4	1.1360	5	4
煤炭采选产业	0.837	6	0.6531	8	0.6493	12	6
石油和天然气开采业	1.2717	3	1.3635	3	1.1126	6	3
金属矿采选业	0.2787	15	0.3035	14	0.5343	15	17
非金属矿和其他采矿产业	0.5298	12	0.4471	12	0.5638	14	15
石油炼焦产品和核燃料加工业	0.5679	11	0.6421	9	0.5706	13	11
化学原料与化学制品业	1.9857	2	1.9794	1	1.8359	2	2
非金属矿物制品业	0.6195	9	0.4401	13	0.7082	10	10
金属冶炼和压延加工业	2.4469	1	1.7550	2	1.8422	1	1
金属制品业	0.5728	10	0.5453	10	0.6822	11	9
通用设备制造业	0.6873	8	0.5304	11	0.7873	8	7
电力、热力生产和供应业	0.1225	16	0.0421	18	0.7273	9	16
建筑业	0.0706	17	0.0376	19	0.0571	18	18
批发和零售业	0.0673	18	0.1037	16	1.2978	3	14

续表

产业	2012 年		2015 年		2019 年		综合排名
	NVC	排序	NVC	排序	NVC	排序	
交通运输、仓储和邮政业	0.7315	7	1.0268	5	0.8829	7	5
住宿和餐饮业	0.5053	13	0.9093	7	0.3616	16	13
金融业	0.3198	14	0.2944	15	1.1839	4	11
房地产业	0.8378	5	0.9929	6	0.2832	17	8
教育业	0.0227	20	0.0305	20	0.0332	20	20
卫生和社会工作	0.0139	22	0.0092	22	0.0070	22	22
文化、体育和娱乐业	0.0589	19	0.0962	17	0.0564	19	19
公共管理、社会保障和社会组织业	0.0158	21	0.0246	21	0.0200	21	21
均值	0.6223		0.6069		0.6969		

资料来源:《攀枝花市统计年鉴》,2012~2019 年历年版。

由表 5-2 可知,2012~2019 年攀枝花市 NVC 综合排名前十由大到小的排序为:金属冶炼和压延加工业 > 化学原料与化学制品业 > 石油和天然气开采业 > 第一产业 > 交通运输仓储和邮政业 > 煤炭采选产业 > 通用设备制造业 > 房地产业 > 金属制品业 > 非金属矿物制品业。金属冶炼和压延加工业、石油和天然气开采业等自然资源产业 NVC 排名居高不下,新动能、新产业、新业态也在加速成长,交通运输仓储和邮政业、通用设备制造业 NVC 水平不断上升,房地产业、金融业、住宿和餐饮业、批发与零售业 NVC 水平快速上升。攀枝花市经济发展主要贡献来自第二产业,同时,该地在医疗、教育、就业方面上也均有所改善,机会平等得到充分的社会大力保障。攀枝花市作为成熟期资源型城市,开始探索转型之路,提高技术发展优势产业,探寻替代产业,开发第一产业的潜力,大力发展以康养产业为首的第三产业,在产业转型上取得了显著的成果,2012~2019 年产业总体 NVC 水平呈上升趋势,价值链重构效果良好。

攀枝花地区产业价值链重构主要是以矿产资源钒、钛、磁铁矿为基础,为继续挖掘钒、钛"宝藏"的潜力,"钒钛新城"的建成是水到渠成的事情。钒钛新城以产业融合带动钒钛产业发展，打造世界级优质钒钛产业基地为己任，围绕"钒钛""新城"等35平方公里的原有钒钛高新技术开发区、沙沟南区、五桂塘、鱼塘等23平方公里的地区，形成了以产业融合带动钒钛产业发展的战略目标（见图5－4）。

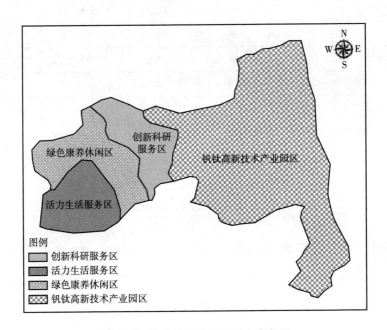

图5－4　攀枝花市钒钛新城功能布局

资料来源：《关于践行新发展理念加快建设钒钛新城和攀西科技城的决定》，2019。

"攀西科技城"涵盖流沙坡片区、炳四区、渡仁片区、沙沟北部，共计27平方公里。攀西科技城以"科技"为名，主要使命是合理配置区域内高端资源要素、引导科技创新成果向产品转化，以创新驱动、科技引领打造综合性位于发展前沿的"科技城"（见图5－5）。

（2）六盘水市产业价值链重构分析。分别求得六盘水市2012年、2015年、2019年的地区产业价值链水平，以此进行地区产业价值链重构分析，实证结果如表5－3所示。

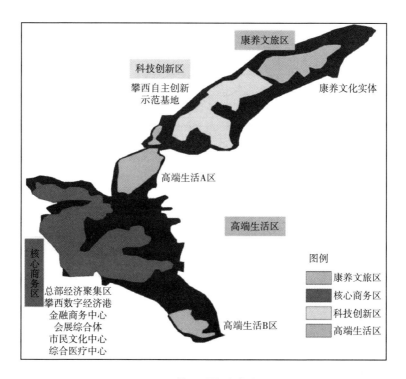

图 5 - 5　攀西科技城功能分区

资料来源：《关于践行新发展理念加快建设钒钛新城和攀西科技城的决定》，2019。

表 5 - 3　　　　　　　　　　　　**六盘水市价值链水平**

产业	2012 年		2015 年		2019 年		综合排名
	NVC	排序	NVC	排序	NVC	排序	
第一产业	1.5296	6	2.8122	4	2.9050	7	4
煤炭采选产业	1.7920	4	1.6000	6	1.8467	10	5
食品和烟草业	0.4455	14	1.2904	8	1.0462	14	12
纺织业	0.8657	9	0.1951	21	1.1752	13	16
纺织服装鞋帽皮革羽绒制造业	0.1947	20	0.1246	25	0.2502	23	24
木材加工和家具制造业	0.5139	13	0.3086	18	1.6846	11	15
石油炼焦产品和核燃料加工品制造业	1.4839	7	0.6210	11	2.2505	8	7
化学原料及化学产品制造业	3.1936	2	3.8676	2	5.0597	3	2

续表

产业	2012 年		2015 年		2019 年		综合排名
	NVC	排序	NVC	排序	NVC	排序	
非金属矿物制品业	0.5552	12	0.6161	12	1.0288	15	13
金属冶炼和压延加工业	3.8615	1	1.9937	5	6.1005	1	1
金属制品业	0.8267	10	0.4479	13	1.1824	12	11
专用设备制造业	0.4418	15	0.1483	24	0.6119	17	19
通信设备、计算机和其他电子设备制造业	1.0596	8	0.7642	10	1.8625	9	8
电力、热力生产和供应业	0.3136	18	0	26	3.6422	5	17
水的生产和供应业	0.4256	16	0.4367	14	0.1938	24	18
建筑业	0.0886	23	0.1579	23	0.5909	18	22
批发和零售业	0.2469	19	0.3790	15	3.2551	6	14
交通运输、仓储和邮政业	2.0330	3	2.8472	3	5.6197	2	3
信息传输、软件和信息技术服务业	0.6825	11	1.3598	7	0.7827	16	10
金融业	0.3307	17	0.9987	9	4.2270	4	9
房地产业	1.7690	5	4.0205	1	0.5317	19	6
水利、环境和公共设施管理业	0.0548	24	0.2687	19	0.2843	21	22
教育业	0.1181	22	0.3344	16	0.3498	20	20
卫生和社会工作	0.0518	25	0.2233	20	0.0593	25	25
文化、体育和娱乐业	0.1428	21	0.3188	17	0.2638	22	21
公共管理、社会保障和社会组织业	0.0298	26	0.1626	22	0.0565	26	26
均值	0.8865		1.0114		1.8023		

资料来源：《六盘水市统计年鉴》，2012～2019 年历年版。

由表 5-3 可知，2012～2019 年六盘水市 NVC 综合排名前十由大到小的排序为：金属冶炼和压延加工业 > 化学原料及化学产品制造业 > 交通运输仓储和邮政业 > 第一产业 > 煤炭采选产业 > 房地产业 > 石油炼焦产品和核燃料加工品制造业 > 通信设备计算机和其他电子设备制造业 > 金融业 > 信息传输软件 > 信息技术服务业。在这四大传统工业中，非金属矿物制品业、电力热力生产和供应业、煤炭开采和洗选业、金属冶炼与压延加工业等四大传统工业 NVC 水平不断攀升，这说明六盘水市资源型工业转型的重点在于产业价值链的重组。同时，新动能、新产业、新业态加快发展，计算机和其他电子设备制造业、装备制造业等产业 NVC 达到较高水平，为当地经济发展注入新活力。西部地区有很多典型的煤炭资源型城市，该类城市要摒弃自然资源的有限而对城市经济发展的限制，其中，六盘水市积极探索已经基本摆脱对煤炭资源的依赖，工业产业转型升级实践已经取得了一定的成就，2012 ~ 2019 年 NVC 水平呈缓慢上升趋势，整个地区产业价值链重构效果较好。然而长远来看，六盘水市仍然面临着诸多问题，该市在进一步推进资源产业升级和重构过程中仍然存在较大的进步空间。

近年来，六盘水市充分利用区域资源禀赋，以传统优势产业为根基，坚持绿色发展理念，积极承接、转移我国东部发达地区的产业，坚持产业融合发展、创新发展，逐渐形成了以新材料、特色农产品精深加工、先进装备制造为主导的特色产业，大力发展新能源、节能环保、"互联网＋"等重点行业。

①先进装备制造：矿山装备制造、节能环保、智能终端制造、水处理设备制造，建成相关设备制造，年产先进装备逐年增多。

②特色农产品精深加工：以该区域特色猕猴桃为导向，全面发展猕猴桃产业链，将猕猴桃产业做大做优；红豆系列保健酒健康产业项目建成投产；深度挖掘荞麦的保健价值，开发苦荞茶、苦荞米、荞麦饮料、荞麦家纺、荞麦保健品等荞麦系列高端产品。

③新材料产业：引进贵州省新材料行业"千企改造"工程龙头企业和发展潜力较大的企业，如贵州石鑫玄武岩科技有限公司年产 30000 吨玄武岩纤维及后制品项目一期建成投产。此外，还在推进新能源电池正极材料氢氧化锂生产线、硫酸锰项目建设，预计年产万吨级别。依托贵州红桥矿业集团有限责任公司，探明铟、锗、镉、钒等稀有金属和金、银等稀贵金属以及铅锌矿资源，建成有色金属开采及销售项目，年浮选原矿 30 万吨。依托六盘水中联工贸实业有限公司高新技术企业，推进锌、铟、锗等有色金属的深加工，建成高性能锌合金、高纯铟、高纯锗等金属材料加工基地项目，年生产高性能锌合金 5 万吨、高纯铟 2 吨、高纯锗 2 吨。

5.5　本章小结

本章通过资源优化配置、传统产业结构优化、新兴产业培育和构建绿色生态位四个方面探究西部资源型地区产业价值链重构。

首先，通过价值链理论和产业链理论分析产业价值链重构的理论基础，产业价值链的形成过程就是价值链中价值活动由内部向外部延伸和拓展的过程。在经济全球化的当下，不仅产业之间存在竞争，国家与国家之间、区域与区域之间也都存在竞争，因此在产业这个层面上的竞争是通过整个产业链之间的竞争展现的，如冷链体系与生鲜体系的竞争。通过对产业价值链价值体系的分析，提高产业竞争，进而控制整个市场，对我国西部资源型地区产业价值链的重构具有十分重要的现实意义。

其次，西部资源型区域要在保持原有产业优势的基础上，提高对传统产业进行更新升级的力度、并逐步替换效率和效益低、污染大的产业，再发展重点支柱型产业，最后因地制宜选择新兴主导产业，逐步形成三者协同发展的迭代产业体系。

第一，资源优化配置能促进资源的高效率使用。本章阐述了资源优化配置的积极作用和主要途径，并且提出西部资源型地区资源优化配置应该从加强资源资产化管理、完善资源市场经济制度、推动产业结构调整和加速信息化建设入手。

第二，本章总结了对典型资源型地区产业发展过程中存在的问题和如何优化传统产业结构做出了分析。西部资源型地区传统产业具有资源不可再生性、资源利用率低和环境污染性等特点，需要从拓展价值链条上下游产业、寻找并培育可持续发展的替代产业、建立循环经济产业园、加快资源型产业技术改造、加大环境监管力度、刺激产业科技创新等方面出发优化传统产业。

第三，在西部资源型地区战略性新兴产业选择的原则上，分析了资源型城市的应选择成为新兴主导产业的特征：市场前景广阔；对其他产业、区域具有较强带动性；以可持续发展为目标；稳定并促进就业。另外，就西部资源型地区如何培育新兴产业做出了分析。

第四，为了全面反映西部资源型地区绿色发展，本书阐述了绿色生态位的内涵，参照相应的绿色转型和绿色发展指标对某产业的绿色生态位进行了量化评价，并且从经济发展、环境质量、生态保护、居民生活四个方面建立了绿色生态位评价指标体系。

最后，利用投入产出法对西部资源型地区生产分割程度进行测度，衡量地区价值链水平，剖析地区价值链重构。

本书以西部资源型地区中具有代表性的攀枝花市、六盘水市进行了实证研究，分析产业转型过程中的地区产业价值链水平变化，对我国西部资源型地区的产业价值链的重构有着重大借鉴意义。

| 第 6 章 |

西部资源型地区产业空间重构

6.1 产业空间重构理论基础

6.1.1 产业空间结构

产业空间结构是以产业作为连接对象，把产业之间的距离作为产业间空间联系的强度，是一个基于豪斯曼产业理论的空间抽象结构。国外在 18 世纪就开始对产业空间的结构进行了探讨，产生了许多成果，形成了较为完善的理论体系。国外相关研究主要经历了三个阶段：第一，理论萌芽阶段。18 世纪产生了韦伯工业区位论，19 世纪 20 年代产生了杜能农业区位论，20 世纪 30 年代产生了克里斯泰勒中心地学说等。第二，理论拓展阶段。弗里德曼（1966）提出"核心—边缘"的区位理论，并认为一个区域的经济发展总是从单核的二元结构向多核的多元结构转变的过程；邓恩（Dunn E S，1988）指出土地经营纯收益会强有力地促使区域内空间结构发生改变，并将地租的概念引入杜能农业区位论；伊萨德（Isard W，1991）把前阶段的区位理论综合考量进行动态化的演示，并提出把"空间"作为一个完整的系统归入经济发展的研究中，使其成为一个重要的研究对象。第三，里冷跃升阶段。该阶段将经济地理学运用到经济研究中，格斯巴赫和施穆茨勒（Gersbach and Schmutzle，1999）利用相关模型，用数据检验结果的方式来分析产业集聚的核心驱动因子；马蒂姆（Martim R，1999）认为在产业集聚的经济发展环境下，优胜企业对其他企业具有辐射作用，能够带动相关企业的发展；维纳布尔斯和利芒（Venables and Limao，2002）发现地理区位条件是除资源禀赋条件外，对区域生产方式、贸易形势来说另一重要的决定性因素。

国内对产业空间结构的研究起步较晚，郇晓君（2007）提出产业空间结构不仅是指在特定区域形成的产业分布形态和组合关系，还包含了该区域的宏观格局与体系。朱传耿等（2007）指出区域产业空间结构的概念并非产业结构在区域上的分布这么简单，而是将两者组合成一个共同作用于区域经济发展、经济组织的有机整体。金凤君（2013）将空间结构定义为以一定地域范围为基础，拥有各种经济元素，并依照一定经济发展原则形成的具有空间结构的布局体系，能反映社会经济活动的空间特征。关于产业空间结构的形成，王虹等（2013）发现产业结构升级的过程中几乎都伴有产业转移和产业接替现象，以产业在区域内空间位置的调整来优化产业空间结构。徐涛（2016）指出，由产业集聚带来的产业在区际的转移和结构调整的升级，会导致产业规模不经济甚至向经济相对落后的区域转移，因此达到促进形成产业空间的新格局。

6.1.2　产业空间布局

产业空间布局，顾名思义，是指产业部门、要素、环节在地区空间上的规划与分布。换句话说，就是一定地区内各产业部门在空间上的投影。陈得文（2012）指出一个地区的经济发展的好坏，不仅与该区域各类经济资源的总量有关，也与其产业的组成结构和空间布局有极大的关系。产业空间布局研究对于促进地区经济社会发展具有重大意义，郇晓君（2007）指出区域经济的发展成效与该区域产业空间布局是否合理息息相关，合理的产业空间结构有助于该区域经济的健康发展，达到保证经济发展速度与实现经济发展的可持续性的理想状态；畸形的产业空间结构常常会起到限制、阻碍区域经济的发展。李快满

（2008）指出，产业空间布局不仅能够将分散的资源和要素聚集起来，而且能够产生特有的经济效益，对区域经济的发展具有显著的促进或者抑制作用。

产业空间布局受多种因素的影响，主要有需求结构、经济规模、经济集聚、区域间的联系、制度保障、要素供给等。任太增（2002）指出区域内需求结构是影响产业空间布局的重要因素，需求是市场生产的主动力，能带动相关产业的发展，因此需求的改变自然能驱使产业结构改变。另外，大多数地区的生产成品不仅在本区域内销售。因此，区域产业结构不仅与本国其他区域的需求结构相关，国际市场需求结构还会对涉及出口业务的国内区域产业结构造成一定的冲击。魏后凯（2004）指出产业地理集中可以获取集聚经济效益，企业追求集聚经济的良好效益，这驱使企业在地理空间上集中布局，不同的集聚区域就形成了不同的产业空间布局。孔瑞（2006）指出经济联系程度是产业结构效应的重要影响因素，经济联系越紧密，结构效应作用力越强。张秀生和陈慧女（2008）指出国家的区域经济发展政策、产业政策、区域经济管理体制等都将影响区域产业结构的变动，要统筹区域发展，就必须减小区域壁垒，建立相应的政府不同区域的沟通机制，建设国内统一大市场，对落后区域加大政府转移支付力度，缩小区域发展不平衡，完善区域产业结构合理布局，调整区域产业结构。张辽（2013）研究发现各种经济活动的产生需要将一定时期内分散在地理空间中的相关要素组织起来，换句话说，区域内生产要素的供给是产业空间布局的基础，产业空间布局的演变也有赖于生产要素供给条件。陈威等（Chen et al.，2018）指出市场价格影响工业区位，进而影响产业空间布局，进行产业布局和转移需要对市场价格进行有效引导。以上都是区域产业结构优化的影响因素。此外，区域的自然环境、政治法律环境、历史文化背景、交通条件与发展战略等都对区域产业结构有不同程度的影响（Sami et al.，2016；Jiang et al.，2016；Liu et al.，2019）。

6.1.3 地域空间属性

格雷戈里等（Gregory et al.，2009）将地域定义为由个人或组织划分边界并进行使用和管理的连续的、有界限的社会空间。由此可以看出地域具有两个重要属性：第一，有界性。阿格纽（Agnew，2005）指出通过边界的划分，地域形成了一个有界空间，因此便可以边界为依据判断"内部人"与"外部人"，再做出吸纳、排斥的响应行为。布隆德尔等（Blondel et al.，2010）采用数学方法研究区域边界的存在性，证实地域空间的有界性。霍（Ho，2006）指出边界的存在为不同区域嵌入不同隐性特征，各要素在区域间流动需要克服区位障碍。第二，控制管理权。科克斯（Cox，2002）提出地域是一个具有获得控制权的独立空间，它的控制管理权与政治权力较为一致。罗杰斯（Rogers，2012）指出地域间内在权力关系是配置资源和划分空间的关键。刘小龙等（Liu et al.，2019）提出空间规划改革应遵循空间治理逻辑，基于地理空间属性的控制权管理是空间治理的重要路径。因此，地域对外部的其他人或组织具有限制访问的功能。布伦纳（Brenner，1999）指出地域内的国家机构、政府、公司企业等组织执行使用与管理权利的同时会使该地域内的资本快速积累，而该地域在城市、国家乃至全球尺度上的差异则由资本积累的方式和积累量来决定。

（1）全球尺度。斯温吉杜（Swyngedouw，1992）指出地域中的资本是其资本积累的先行条件，资本可以引导地域内的组织突破各种尺度的边界，在发展过程中逐步让区域与区域相互交织，呈现"全球化"的发展形态。

（2）国家尺度。布伦纳（2009）指出国家是容纳和吸纳资本的地理空间尺度，经济全球化发展要求国家尺度具有更大的竞争力，因此国家需进行调整、重构来组成符合条件的新地域组织。

（3）城市尺度。李元旭和黄竞晶（2014）指出政治环境稳定、发展基础较好、资源丰富的城市具有较强的资本竞争力，换句话说，资本会优先流入这类城市。同时，城市也是承载生产的空间尺度。

我国西部地区的自然环境分异明显，虽同属于资源型地区，但区域内各地所拥有的资源多种多样、各不相同。此外，区域开发的条件也十分复杂，因此产生了多种经济发展的模式。我国资源总数较大，但人口众多，使得人均资源不足且水平较低，并且我国自然资源分布具有明显的地域差异，如矿产资源在东部地区较匮乏，西部地区较丰富，这与人口分布特征截然相反，使得资源配置、节约集约化利用成为我国经济可持续发展需要解决的首要问题。改革开放至今，我国经济高速发展，经济总量持续攀升，目前我国已经成为世界第二大经济体，由于经济发展过程中不够重视地理空间规划，导致资源环境压力也更加显著，区域经济发展平衡也逐渐被打破，具体体现在极大的区域差异。以我国可持续发展理念为指导思想，针对我国经济发展中存在的各种问题，必须改变目前以 GDP 为发展导向的方式，应更加注重以提高人民生活质量、可持续的长远发展为导向，在经济、生态、社会构成的体系中进行。地域空间规划是提出三维目标实现最优综合效益的实施方案，也最符合发展的本质。蔡奇杉等（2020）指出任何地域空间规划，特别是综合性的地域空间规划在突出经济增长的基础上，还要做到充分实现改善民生和生态保护的目标。

6.2　产业空间重构路径分析

6.2.1　产业与地域的耦合协调发展

（1）指标体系的设立。产业空间发展与地域空间结构调整是一个持续协调和耦合的过程，产业空间与地域空间的耦合度是指两个系统之间相互依赖、关联和作用的程度，反映地域成长与发展的作用强度和贡献强度。其耦合关联作用主要表现在两个方面：第一，产业空间对地域空间产生的直接影响主要通过产业结构优化升级、城市功能高级化，地域空间形态布局优化、区域产业强劲、经济国际化等途径；第二，地域空间对产业空间的影响在于其产生的经济、社会、生态效益为产业空间的形成提供条件和环境，拉动产业空间的形成和发展。

本书以工地域空间和产业空间的耦合发展为研究对象，建立了两者耦合发展的评价指标体系，并运用耦合度评估方法对西部资源型区域的地域空间结构和产业空间结构进行了定量研究，用以分析两者的协调发展程度，为西

部资源型地区产业重构的路径研究奠定基础。产业空间与地域空间结构指标
体系如表 6 - 1 所示。

表 6 - 1　　　　产业空间与地域空间耦合协调发展指标体系

综合指标	一级指标	二级指标
地域空间	经济效益	人均 GDP
		实际利用外资额
		进出口贸易
		地均固定资产投资额
		地均基础设施建设投资额
	社会效益	公共设施用地面积
		人均拥有道路面积
		人均住房建筑面积
		从业人员平均收入
		人口密度
	生态效益	绿化覆盖率
		人均公共绿地面积
		空气质量优良率
		生活垃圾处理率
		污水处理率
产业空间	产业水平	地区生产总值
		一产业占 GDP 比重
		二产业占 GDP 比重
		三产业占 GDP 比重
		工业企业数
	空间规模	总人口
		城市建设用地面积
		建成区面积
		工业用地面积
	科技创新	研发经费投入强度
		新产品产值
		专利申请授权量

（2）耦合协调度的评价方法。

①耦合度模型。"耦合"本是一个物理概念，指各个系统之间相互作用。利用耦合度模型，可以更为直观地展现出城市发展过程中产业空间与地域空间的相互作用、相互影响的程度。耦合度模型可以表示为：

$$C = \left\{ \frac{f(x)g(x)}{[f(x)g(x)/2]^2} \right\}^k \qquad (6-1)$$

其中，C 表示耦合度，数值为 $0 \sim 1$，数值越大，耦合程度越高，则表明各系统间的合作关系越密切。$f(x)$ 与 $g(x)$ 分别为产业空间系统与地域空间系统的评价指数，用来衡量两个子系统的发展程度；k 为调节系数，一般 $k \geq 2$。"城市产业空间—地域空间"耦合系统包含两个子系统，故取 $k = 2$。

城市产业空间与地域空间综合评价指数计算如下：

$$f(x) = \sum_{i=1}^{m} a_i x_i \qquad (6-2)$$

$$g(x) = \sum_{j=1}^{n} b_j y_j \qquad (6-3)$$

其中，a_i 和 b_j 分别为产业空间和地域空间评价指标的权重，由熵值法计算而得；x_i 和 y_j 分别为描述产业空间和地域空间子系统特征的第 i 和 j 个指标的标准化值。

②耦合协调度模型。耦合度在一定程度上可以反映出两个子系统间相互作用的程度，但其也存在一定的缺陷，该指数不能对系统的优劣程度进行评判，在两个系统的综合评估指标均较低时，其耦合度也较高。因此，为了更好地反映各系统的协同发展程度，本书还提出了一个耦合的协同调度模型。基于耦合度，对这两种体系的协同度进行了深入的探讨，即

$$D = \sqrt{C \times T} \qquad (6-4)$$

$$\begin{cases} T = \alpha f(x) + \beta g(y) \\ \alpha + \beta = 1 \end{cases} \qquad (6-5)$$

其中，D 表示耦合协调度，T 表示产业空间与地域空间的综合调合指数，它反映了两者的整体协调效应或贡献；α 和 β 分别代表产业空间和地域空间的贡献系数，由于城市产业空间与地域空间具有同等重要性，因此本研究取 $\alpha = \beta = 0.5$。

为了更好地体现产业间的耦合协调发展情况，参考国内外有关文献，按照指数高低对产业空间和地域空间的耦合程度和协同调度程度进行了分类，如表 6 - 2 所示。

表 6 - 2　　　　　　　耦合度与耦合协调度评价标准及协调类型划分

耦合度 C	耦合等级	协调度 D	协调等级	$f(x)$ 与 $g(y)$ 对比关系及基本类型
[0, 0.3)	低水平耦合	[0, 0.3)	低度协调	
[0.3, 0.5)	拮抗	[0.3, 0.5)	中度协调	$f(x) > g(y)$，产业空间发展滞后型
[0.5, 0.8)	磨合	[0.5, 0.8)	高度协调	$f(x) < g(y)$，地域空间发展滞后型
[0.8, 1]	高水平耦合	[0.8, 1]	极度协调	$f(x) = g(y)$，产业地域发展同步型

6.2.2　产业在地域空间中的梯次配置

美国经济学家雷蒙德弗农首先在产品寿命周期理论中首次提出了产业的梯度转移，并被其他学者所采用（王迎顺等，1990）。梯度转移理论认为，产业结构是一个地区的经济发展的命脉，优势产业是一个地区经济的发动机和产业的灵魂。从以劳动和资金为主要生产要素的产业到以技术、知识密集型产业的过程中，各产业都经历了萌芽、成长、成熟和衰退四个阶段，促进经济发展的创新要素集聚在高梯度区域，由高梯度区域向低梯度区域，再向高梯度区域推进。处于高梯度的区域，要防止产业结构的老化，就需要通过继续的创新来确保技术的领先，而落后的低梯度国家和地区，就需要发展自己的劳动密集型产业和成长型产业，把落后的产业用最少的资源来支撑。在高梯度区域，通过不断的创新发展，新技术、新产品、新产业不断涌现，但随着产品寿命周期理论和时代变迁，它们会逐渐向低梯度区域移动。这一理论表明，区域间的差距是由创新引起的，而梯度的差别则是其客观依据。

产业梯度系数体现出一个产业在这个地区中的重要成程度以及竞争优势（张云芳，2020）。如果产业梯度系数越小，则表明该产业在所处区域内的产业竞争中表现越弱势。产业梯度系数是区位熵（LQ）和比较劳动生产率的乘积，用公式表示为：

$$产业梯度系数（IGC） = 区位熵（LQ） \times 比较劳动生产率（CPQR）$$

$$(6-6)$$

$$区位熵（LQ） = \frac{地区某行业增加值占本地区生产总值比重}{全国相应行业增加值占全国生产总值比重} \quad (6-7)$$

$$比较劳动生产率（CPOR） = \frac{地区某产业增加值在全国同行业增加值中的比重}{地区某产业从业人员在全国同行业总从业人员中的比重}$$

$$(6-8)$$

6.2.3　地域空间格局优化

本书从区域经济发展的极化性和差异性两个方面对区域空间结构进行了研究，空间差异与极化的发展在区域经济空间结构演变中具有主体性和必然性，其特征是人口、经济活动在空间上的集中和聚集（夏四友等，2017）。在区域内，人力、资本、技术创新等资源要素的聚集是区域经济发展的有效途径。

极差是一组研究数据中最大值和最小值的差，表示统计量的离散度，其计算公式为：

$$Y = X_{max} - X_{min} \quad (6-9)$$

其中，Y 为极差，X_{max} 为数据最大值，X_{min} 为数据最小值。本书通过计算人均 GDP 的极差来反映地区经济发展的差异。

标准差（标准误差或者均方差）是反映一组数据集的离散程度，标准差计算公式为：

$$\sigma = \sqrt{\frac{1}{n}\sum_{i=1}^{n}(x_i - \mu)^2} \qquad\qquad (6-10)$$

其中，σ 为标准差，x_i 为城市内县域人均 GDP 的值，μ 为地域人均 GDP 的平均值，n 为地域个数，标准差代表着不同地域数据的离散程度，它的值越大就意味着区域间的平均差异水平就越大。

6.2.4　绿色生态位的提升

（1）基于产业知识信息整合的绿色生态位提升路径。资源企业通过将内部和外部的绿色知识集成到价值链的各个环节中，并在价值链的各个阶段进行知识集成，以实现企业的学习，进而实现绿色生态位的提升。具体地说，就是要整合、创新和提升内部和外部知识，如政策、技术、创新资源等，坚持安全环保的思想，完善创新管理机制和运行模式，优化信息传递流通渠道，促进企业间的信息流动；坚决实施国家有关的环保政策及法律法规，加大惩戒力度，呼吁全社会的共同监督；并与邻近相关产业组织或企业加强交流，总结彼此的经营经验，在环境保护方面确保环境健康良好发展，促进产业、社会效益和环境效益的有机结合。

（2）基于产业价值链延伸的绿色生态位提升路径。产业的绿色转型，实际上就是一个绿色生态位的升级，这个过程就是通过改变价值链，获得更多的资源和优势，从而使绿色生态位达到一个新的高度，促使公司和环境之间形成了一种共生关系。资源产业组织的"绿色转型"应该建立在"绿色产业链"的基础上，通过生产技术创新、管理模式创新和信息共享，优化产业链结构，整合各生态位资源，形成相互关联的绿色产业生态网络（见图 6-1）。具体而言，通过整合传统产业价值链、并购、创新、绿色传播渠道建设、提高产品环境标准、创新流程、实施循环经济，在此基础上，构建以绿色为主、多种产业协同发展的循环经济产业链，突破原有生态位的局限，并以价值链的延伸来拓展绿色生态位。

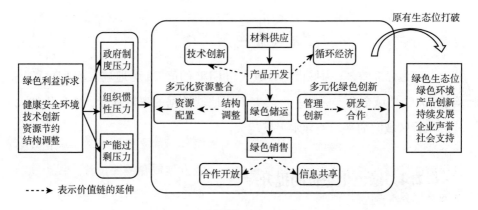

图 6 - 1　基于产业价值链延伸的绿色生态位提升框架

6.2.5　新兴产业集群的培育

21 世纪以来，我国经济正经历着由高速发展向高质量发展转型、结构调整和发展动力转换的过程。在传统行业中，由于受生产要素成本增长、生产技术落后、资源利用效率较低，生态环境保护形势严峻等因素的影响，过去的经济增长方式已不能适应经济发展，必须进行经济转型。"十三五"规划提出，要以结构调整为核心，以促进实体经济的发展为主要目标，深化供给结构调整、优化传统产业与兴旺新兴产业并行，加快建立新型创新、优质服务、密切合作和友好环境的现代产业系统。同时，"十三五"规划强调，要健全产业发展改革配套政策，大力推进传统产业的转型和提升，对落后产业项目实施重大改革。引导企业瞄准世界先进标杆，加强优秀企业之间的学习和交流，提升自身产品技术和生产的设施设备水平，同时有效提升环保水平，不断向中高端发展延伸。此外，对于产业组织结构方面的改革，要根据行业发展现状和趋势，鼓励重点企业兼并重组，减少落后、弱势的小企业，形成高集中度、细化分工、协同高效的工业组织形式。

第一，产业集群是构建产业链的重要途径。各地区可根据各自的产业基础，依据重点优势产业发展相应的产业集群，使得分散的产业集群不断向集聚化和规模化发展。一方面，企业之间的产品和技术的互相配合，形成了内在的需求空间，这就要求企业之间必须进行合作和沟通，促使了产业集聚的发展；另一方面，由于产业集聚具有的规模效应，可以使得资源流通更便捷，帮助弱势企业弥补其在生产、物流、技术等方面的缺陷，从而可以使得弱势企业群体可以以较低的生产经营成本迅速发展。

第二，西部资源型区域要明确新兴产业发展的重点和关键环节，要加快发展速度，转变发展模式，这是适应当前经济环境的必然要求。要强化对有发展潜能的园区的扶持力度，将促进中小企业发展放在重要位置，以产业园区为基础，不断强化产业发展深度。同时，根据现代经济发展的要求，发展节能和新能源产业，有利于整个新兴产业的发展和经济发展方式的转变。加强节能环保产业建设、新能源产业的总体规划和发展战略，通过放开市场，从人才开发、技术成果转化、集聚等方面来构建产业链，并加强对已启动的新产业园区的支持与引导，促进产业发展要素集聚。

6.3 产业空间重构模式选择

成长型资源型地区的资源开发处在不断发展的阶段，而成熟型的资源型区域则处于一个稳定的发展时期，具有很好的资源保障能力和相对稳定的社会结构。随着工业化进程的不断推进，造成了区域经济发展的瓶颈，重构产业空间的最佳途径是"产城融合"。"产城融合"是指以产业为支撑，以城市为依托，城市与产业相结合，促进城市转型，改善城市服务，实现产业、城市和人做到全面协调可持续性发展。要实现产业与城市的功能一体化和空间一体化，必须以城市带动产业，以产业带动城市，形成产城融合的良性互动循环机制。此外，在产业发展过程中，那些功能太过单一的工业将逐步被市场所淘汰，而生产和居住的功能相结合，将会成为一个职住平衡、产城融合的产业新城。在新城中，同时引入多种上下游行业，形成产城融合的核心能力，实现资源整合，突破产业发展瓶颈。既要重视第二产业的发展，又要重视生产性服务业的支持，提高产业的附加值，还要兼顾居住和商业功能，既要满足人口的居住需要，又要丰富人口的休闲活动，从而增强产业园的凝聚力和活力。

衰退型资源型城市面临的问题较多，资源贫乏、经济发展速度缓慢、民生问题严重、生态环境压力大等问题都会抑制经济发展。再生型资源型地区在资源环境压力之下，传统工业转型升级已初见成效，新兴产业已成为经济发展的主导力量，区域逐步脱离资源依赖。随着我国新型城市化进程的不断推进，区域间的城乡差距日益扩大，区域经济结构调整的核心问题是城市与农村的融合，城乡融合意味着要实现城乡一体化。当前，城乡一体化发展是中国现代化进程中的重要战略部署。要实现城乡产业、人、地理空间的协同有序发展，政府基于当前城乡发展特点因地制宜地实施政策，完善不同地区的规划建设政策，完善落后地区基础设施建设，促进信息资源的跨领域流动，进而推动经济落后的农村地区加快发展，逐步向城镇化迈进，改变我国长期存在的二元经济结构，实现城乡经济同步发展、产业发展互补，使农民享受到与城市同等的生活红利和经济利益，推动城乡经济的全面协调、可持续发展。城乡一体化能得以实现的主要途径有：稳步推进城镇化、提高农民人均占有资源量、改革户籍二元制、调整居民消费比重、调节国民收入分配格局、积极探索农村医疗及基本社会保障体系改革、调节国家调节国民收入再分配的能力；建立全国统一的劳动市场，从制度层面上解决城乡人口就业机会不平等、劳动力市场区域划分问题；在城市化过程中，乡镇政府机构的精简、办事员的数量逐渐减少都有利于提高政务处理效率，通过科技、体制改革来促进乡村经济的发展（见图6-2）。

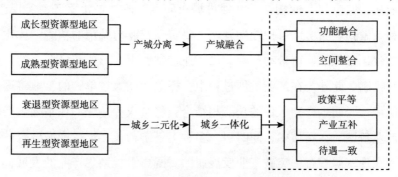

图6-2 西部资源型地区产业空间重构模式选择

6.4　典型地区产业空间重构分析

（1）攀枝花地区产业空间与地域空间耦合协调发展。本研究建立了攀枝花市产业空间与地域空间耦合协调发展指标体系，并利用熵值法确定了各指标的权重，进而得到产业空间和地域空间的综合评价指数（见图6-3）。

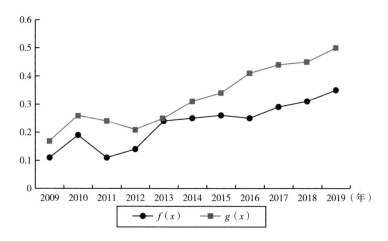

图6-3　2009～2019年攀枝花市产业空间与地域空间的综合评价指数

资料来源：《攀枝花市统计年鉴》，2009～2019年历年版。

通过耦合度模型和耦合协调度模型，计算出2009～2019年攀枝花市产业空间与地域空间的耦合度与耦合协调度指数（见表6-3）。

表6-3　2009～2019年攀枝花市产业空间与地域空间耦合协调度评价结果

年份	耦合度 C	协调度 D	协调发展类型
2009	0.860	0.349	产业空间发展滞后型
2010	0.942	0.459	产业空间发展滞后型
2011	0.740	0.354	产业空间发展滞后型
2012	0.933	0.404	产业空间发展滞后型
2013	0.998	0.493	产业空间发展滞后型

续表

年份	耦合度 C	协调度 D	协调发展类型
2014	0.974	0.518	产业空间发展滞后型
2015	0.971	0.537	产业空间发展滞后型
2016	0.887	0.544	产业空间发展滞后型
2017	0.913	0.578	产业空间发展滞后型
2018	0.937	0.581	产业空间发展滞后型
2019	0.952	0.594	产业空间发展滞后型

资料来源：《攀枝花市统计年鉴》，2009～2019 年历年版。

由图 6 - 3 可知，2009～2017 年，攀枝花市一直呈现出产业空间发展滞后于地域空间发展的状态，且产业空间和地域空间的综合发展均可划分为两个阶段：第一阶段（2009～2012 年），产业空间和地域空间综合发展水平波动较大，产业空间综合评价指数从 2009 年的 0.103 上升到 2010 年的 0.185，然后在 2012 年下降到 0.143。地域空间综合评价指数也从 2009 年的 0.180 上升到 2010 年的 0.262，然后下降到 2012 年的 0.207。2008 年爆发的全球金融危机极大地削弱了整个资本市场的供给能力和商品市场的总需求，而以资源型经济为主的攀枝花，由于产品价格受市场及经济发展的影响较大，其资源型产业的经营业绩出现下滑趋势。因此，2009 年攀枝花市按照 "保增长、保民生、保稳定" 的总体要求，采取措施，克服不利条件，减缓金融危机的冲击，也导致这一阶段的产业空间和地域空间的综合发展水平出现较大的波动。第二阶段（2013～2019 年），产业空间综合发展水平逐年稳步上升，由 2013 年的 0.236 上升为 2019 年的 0.351。地域空间综合发展水平除 2016 年有少许回落外，均呈上升态势，由 2013 年的 0.252 提高到 2019 年的 0.501。这一阶段，攀枝花大力推进攀西经济区建设，推进国家资源开发战略试验区和攀枝花钒钛产业开发区的产业融合，实施互利合作的发展模式，优化产业布局，推进产业转型升级，提高城市经济、社会和生态效益，促进了产业空间和地域空间的综合发展。

由表 6 - 3 可知，2009～2017 年攀枝花市产业空间与地域空间的耦合度均较高，除了 2011 年产业空间与地域空间的耦合水平处于 "磨合" 阶段外，其余年份均为"高水平耦合"阶段。这反映出攀枝花产业空间与地域空间之间的相互作用较强。但耦合度指标仅仅反映了两者的相关程度，在一些攀枝花市产业空间与地域空间综合评价指数都较低的年份（如 2009 年等）也得出了高耦合度值，这与事实存在一些不符之处。因此，采用耦合协调度指标能帮助补齐该短板。

由表 6-3 可知，2009~2019 年攀枝花市产业空间与地域空间的耦合协调度呈上升趋势，从 2009 年的 0.349 上升到 2019 年的 0.594，增幅为 70.2%。这表明攀枝花市产业空间与地域空间之间的良性互动逐渐增强，在 2009~2013 年处于中度协调阶段，2014 年之后实现阶段的跃迁，迈入高度协调阶段。其中，攀西战略资源创新开发试验区在 2013 年建成，为攀枝花的发展提供了前所未有的机遇。攀枝花由传统发展方式向创新驱动发展方式转变，充分利用已有资源，推动资源型产业绿色转型，促进阳光康养产业发展，促进产业转型升级，优化产业空间格局，推进产业空间和地域空间协调发展，加快从工矿型城市向综合性宜居型城市的转变。

（2）攀枝花市产业在地域空间中的梯次配置。攀枝花市是我国西南地区最大的工业城市，具有雄厚的工业基础。由于经济结构的转型升级，东部发达地区正在调整产业结构、实施产业转移方案，攀枝花市能否在今后的发展中打破工业城市发展的瓶颈、实现能源型经济的转变、在产业转移中发展自身经济是目前需要探讨的重点问题。所以，采用产业梯度系数方法对攀枝花市进行产业转移的定量分析。

在 2010~2019 年的《中国统计年鉴》以及《攀枝花市统计年鉴》的基础上，考虑到计算指标所需分行业产值数据的可获取性，最终选取包括煤炭开采和洗选业、金属矿采选业等在内的 13 个相关行业，用主营业务收入衡量将各个产业的产值数据，部分年份由于缺失主营业务收入，用工业产值替代，所需数据均来源于统计年鉴和统计公报。

攀枝花市产业梯度系数的测度结果如表 6-4 所示。根据产业梯度系数划分表可以知道，在攀枝花市的 13 个工业行业中，金属矿采选业、农副食品制造业等 5 个产业的梯度系数小于 1，说明了这些产业与其他地区相比竞争

表 6—4

2009～2019 年攀枝花市的产业梯度系数

行业	2009 年	2010 年	2011 年	2012 年	2013 年	2014 年	2015 年	2016 年	2017 年	2018 年	2019 年
煤炭开采和洗选业	11.83	12.32	12.94	13.83	13.68	14.32	15.35	16.26	17.93	19.72	18.42
金属矿采选业	0.81	1.03	1.49	2.14	2.27	2.21	3.02	3.24	3.28	3.79	3.31
非金属矿采选业	0.02	0.01	0.02	0.01	0.04	0.02	0.01	0.03	0.03	0.02	0.01
农副食品制造业	0.97	0.89	1.25	1.48	1.8	1.91	1.89	2.27	2.67	2.71	2.69
纺织服饰业	0.08	0.11	0.19	0.15	1.03	1.03	0.3	0.31	0.26	0.34	0.33
木材家具制造业	0.03	0.05	0.05	0.07	0.10	0.10	0.12	0.17	0.19	0.23	0.24
造纸和文体制品业	0.17	0.30	0.30	0.55	0.72	0.84	1.07	1.08	1.99	2.17	2.19
石油、煤炭及其他燃料加工业	2.93	3.09	2.84	3.93	5.02	4.92	3.74	4.04	6.52	6.93	7.11
化学制品制造业	0.9	0.6	0.99	0.82	0.83	0.97	0.87	0.88	0.74	0.83	0.83
非金属矿物制品业	0.16	0.26	0.19	0.23	0.26	0.23	0.24	0.22	0.19	0.25	0.27
金属冶炼和压延加工业	9.06	12.67	17.59	17.89	14.69	11.68	14.47	16.37	17.45	21.76	20.79
设备制造业	0.81	0.93	1.02	1.22	2.21	1.3	1.36	1.39	1.63	1.71	1.83
电力、热力、燃气、水生产和供应业	2.35	2.5	2.63	2.61	2.18	2.83	2.85	2.8	2.73	2.76	2.88

资料来源：《攀枝花市统计年鉴》，2009～2018 年历年版。

优势较低，且为攀枝花市带来的经济效益非常低，能够被作为对其他地区进行转移的有关产业来进行考虑；IGC 大于 1 的产业有 8 个，表明该部分产业相比于其他地区相同类型的产业中拥有一定的竞争优势，能够为攀枝花市带来一定的经济效益，因此可以被当作承接产业来进行规划。这 8 个产业按照竞争力的强弱可进行如下分类：第一类为煤炭开采和洗选业、金属冶炼和压延加工业这些梯度系数大于 10 的产业，这部分产业在攀枝花市的工业产业中具有较大竞争力优势，也是攀枝花的重要支柱型产业。第二类为石油、煤炭及其他燃料加工业，该产业处于 5 < IGC < 10 阶段，也具有较强的发展优势。第三类为金属矿采选业、农副食品制造业、造纸和文体制品业等 5 个产业，该部分产业位于 1 < IGC < 5 的阶段，属于攀枝花工业中的中等产业，发展优势要弱于前几种产业（见表 6 - 5）。

表 6 - 5　　　　2009 ~ 2019 年攀枝花市按产业梯度系数划分的产业类别

竞争力	梯度系数	产业
很强	IGC > 10	煤炭开采和洗选业、金属冶炼和压延加工业
较强	5 < IGC < 10	石油、煤炭及其他燃料加工业
一般	1 < IGC < 5	金属矿采选业；农副食品制造业；造纸和文体制品业；设备制造业；电力、热力、燃气、水生产和供应业

资料来源：《攀枝花市统计年鉴》，2009 ~ 2019 年历年版。

从 2009 ~ 2019 年攀枝花市的产业梯度系数变化表来看，产业梯度系数超过 1 的有 8 个行业，其中煤炭、洗选、金属矿采选、石油、煤炭及其他燃料加工等行业属于攀枝花的重点优势产业，具有雄厚的产业基础。木材家具制造业、造纸和文体制品业、设备制造业等属于民生产业，发展势头强劲，发展速度快，已经逐步显现出优势。

因此，这 8 个产业不仅属于攀枝花市的优势产业，而且发展速度也呈现向好趋势，能够为攀枝花带来较大的经济效应，促进攀枝花经济发展，应当将这些产业作为攀枝花市优先考虑承接的产业。

综合以上分析得出，攀枝花市是一个典型的资源型城市，它的支柱行业是钢铁工业，需要大量的能源资源，攀枝花市应该优先选择产业梯度系数超过1、产业梯度系数不断提高的行业作为攀枝花市的重点承接产业，这些产业具有相对比较优势，竞争力明显，应作为主要承接方向。反之，具有高梯度但不断下滑的行业将被视为"观察"类别，若继续下滑到1以下，就必须将其转移到其他行业。但如果是工业梯度不到1，那么就必须要扶持，如果有必要的话，可以考虑将其作为一个承接产业。对产业梯度系数长期低于1且没有明显增加的行业，应将其作为主要的向外转移产业。

（3）攀枝花地区的经济环境地域空间格局优化。

①攀枝花市县域经济极化特征演化。本研究选取攀枝花市五个区县作为研究对象，根据《四川省统计年鉴》所提供的数据，计算了2009～2019年各区县的人均GDP的极差和标准差，对攀枝花市各县经济发展绝对差异的演变特征进行了深入分析，结果如表6-6及图6-4所示。

表6-6　　　2009～2019年攀枝花市县域人均GDP绝对差异变化

年份	最大值	最小值	极差	标准差
2009	61022	19843	41179	14288.851
2010	66912	27024	39888	13600.131
2011	74845	35196	39649	13361.644
2012	82379	43207	39172	13626.875
2013	86470	48762	37708	13796.722
2014	93581	52076	41505	14731.148
2015	98572	55808	42764	15286.754
2016	107581	61942	45639	16527.909
2017	120547	69551	50996	18674.065
2018	124312	71074	53238	19396.835
2019	118491	59853	58638	21989.986

资料来源：《攀枝花市统计年鉴》，2009～2019年历年版。

根据测算，2009～2013年攀枝花市各地区的人均GDP极差有小幅降低，2013～2019年有明显的增长，而2009～2019年人均GDP指标的差异呈现出

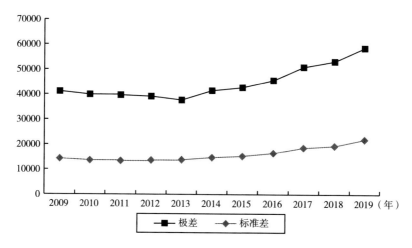

图 6 - 4　2009～2019 年攀枝花市县域人均 GDP 极差与标准差演化趋势

资料来源:《攀枝花市统计年鉴》,2009～2019 年历年版。

逐步增加的趋势,这也表明了区域间的差异也在逐年拉大,2018 年的极差和标准差最大。2009 年,攀枝花东部人均 GDP 为 61022 元,米易县 19843 元,比东部高 2.08 倍。2019 年攀枝花东部人均 GDP 为 118491 元,西部人均 GDP 最低,为 59853 元,两者差距 1.98 倍,这说明攀枝花城市的经济发展水平差距在逐年减小。2009～2019 年,攀枝花人均 GDP 水平差异呈逐年递增趋势,但增长速度放缓,反映出县域间的人均 GDP 分散度在逐渐增加。

②攀枝花市地域空间格局优化。根据攀枝花市各地区的发展阶段特点、各城镇的经济规模、城镇之间的运输距离、经济结构的演变特点对其进行地域空间格局的优化。以攀枝花东部为中心,从内部到外部圈层展开,不断推进多级之间的互动和联系,推动产业、资源要素、人口在空间范围内的聚集。以攀枝花市为中心,以城际高速、城际铁路为纽带,打造"半小时经济圈"和"一小时经济圈",优化攀枝花城市的空间结构,通过便捷的资源要素流通渠道推动不同发展地区的资源共享与优势互补,强化地区之间的经济联系,打造协作互利的产业集群,提升区域经济发展的空间效能,从而提升整体的经济实力。

攀枝花市东部地区是攀枝花市的核心区域。核心区域城市在区域经济发展和发展中起着关键的带头作用。攀枝花东部地区虽然是攀枝花的核心经济地区，但也存在一些发展短板，其区域的经济聚集程度和聚集能力较低，对周围区域的经济辐射效应较弱。因此，城市化程度和工业化程度都比较高的地区必须要积极地发挥聚集效应，要充分利用东部地区现有的优势产业，扩大辐射效应范围，以优势重点产业为基础延伸产业链，大力发展高附加值的生产性服务业等第三产业，促进周边县域经济发展。要充分发挥其区域中心的生产、服务、转运枢纽的作用，完善核心区域的基础设施建设。通过引导攀枝花市的产业集聚，使其成为城市体系结构的重要节点，从而实现区域空间布局的优化和发展。

攀枝花市产业发展布局和生态空间布局图如图6-5所示。

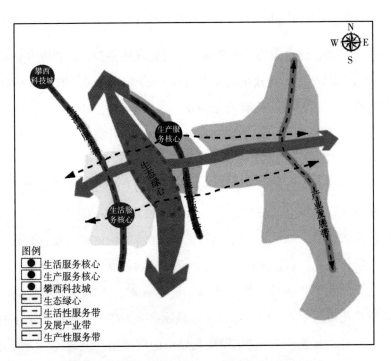

图6-5　攀枝花市产业发展布局和生态空间布局

资料来源：《攀枝花市工业园区"十四五"产业发展规划》。

（4）六盘水地区的经济环境地域空间格局优化。

①六盘水市县域经济极化特征演化。本研究选取六盘水市四个区县作为研

究对象，根据《贵州省统计年鉴》和《六盘水统计年鉴》所提供的数据，计算了 2009~2019 年各区县的人均 GDP 极差和标准差，对六盘水市县域经济发展绝对差异的演化特征进行了深入分析，结果如表 6-7 及图 6-6 所示。

表 6-7　　　2009~2019 年六盘水市县域人均 GDP 绝对差异变化

年份	最大值	最小值	极差	标准差
2009	21526	7805	13721	5238.463
2010	26042	8891	17151	6439.799
2011	31057	10968	20089	7424.440
2012	36740	13536	23204	8549.659
2013	40181	16889	23292	8743.972
2014	46434	21225	25209	9364.105
2015	51803	24544	27259	10073.202
2016	56881	27167	29714	10961.619
2017	61907	30476	31431	11664.775
2018	62218	30916	31302	12133.548
2019	61188	20327	40861	15080.139

资料来源：《六盘水市统计年鉴》，2009~2019 年历年版。

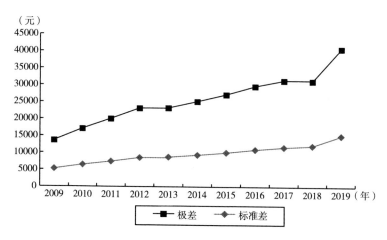

图 6-6　2009~2019 年六盘水市县域人均 GDP 极差与标准差演化趋势

资料来源：《六盘水市统计年鉴》，2009~2019 年历年版。

2009～2019 年，六盘水市各区域的人均 GDP 极差与标准差之间的关系趋于稳定，并且有逐年增加的趋势，2009～2018 年，其增幅与标准差基本保持不变，但 2018～2019 年出现了明显的上升，这说明六盘水市各区域间的经济发展绝对差别和平均差距都在逐年增大，特别是 2019 年的极差和标准差更是最大。2009 年，钟山区人均 GDP 达到了 21526 元，六枝特区的人均 GDP 为 21526 元，比最低的六枝特区高出了 1.76 倍。六盘水市的水城区的人均 GDP 水平在 2019 年达到了 61188 元，是六枝特区的 3.01 倍。因此，可以推断出六盘水各区域的经济发展差距在不断增大。

②六盘水市地域空间格局优化。依照六盘水市各区县的发展阶段特征，对六盘水市进行地域空间格局优化，努力实现增强区县之间经济联系，优化升级地市级产业结构，推动优势产业在空间范围上的集聚，提高经济效率的目标。要完善实施城乡统筹、布局合理和功能完善的方针政策，中心地区要充分发挥带动作用，周边村镇也应在周边城镇的带动下协同发展，努力使城乡一体化建设能够早日实现。同时，以地区特色文化为基础，打造富有地区特色的宜居宜产环境，坚持绿色环保，加快城镇化建设步伐，减少区域之间不平衡发展程度，将六盘水建设成为连接滇中经济区的产业走廊。

作为六盘水市区县，水城区是六盘水市最大的经济中心。核心区域城市在区域经济发展和发展中起着关键的带头作用。水城区以煤炭、电力、有色金属、建材等传统优势产业为主，在今后的发展过程中也要注重传统产业的比重，不能顾此失彼。同时，六盘水市还依托水城经济开发区、发耳—杨梅循环经济新型工业园区、中箐产业园区等经济较发达园区，对产业技术创新项目和新型工业化发展综合配套开展了积极的改革试点，并在传统产业的基础上，不断开拓新兴产业，利用技术创新发展新型煤化工，新型装备制造和先进医药等高端产业，使得传统行业和新兴行业相互扶持、相互发展，从而带动全市经济的发展，加速六盘水市的城市化进程，带动六盘水市其他区域经济发展。六盘水市产业发展布局和生态空间布局图如图 6 - 7 和图 6 - 8 所示。

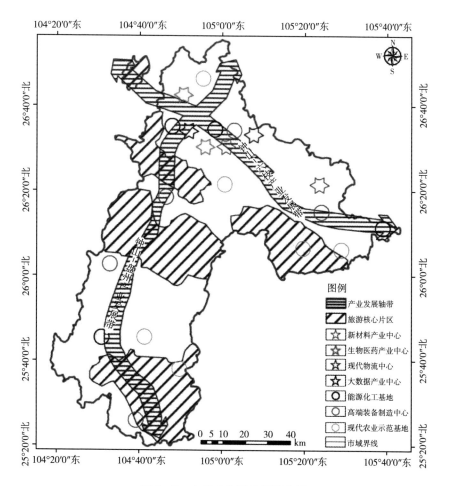

图 6 - 7　六盘水市产业发展布局

资料来源：《贵州省"十四五"战略性新兴产业集群发展规划》。

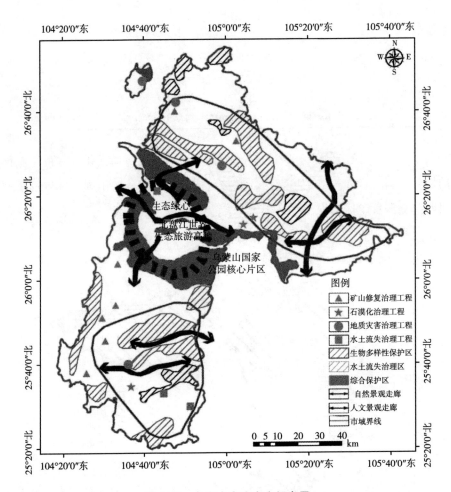

图6-8 六盘水市生态空间布局

资料来源：《六盘水市国土空间总体规划（2021~2035年）》。

6.5 本章小结

本章节内容主要分为四个部分，主要是产业空间重构的文献分析、路径分析、模式选择以及典型地区的产业重构实践运用。

第一部分分析了产业重构理论基础，具体从产业空间结构、产业空间布局以及地域空间属性这三个方面展开。首先从系统论角度阐述产业空间结构系统的内涵与意义，厘清产业空间结构的形成与演化的规律；接着分析产业空间布局的内涵与意义，合理的空间结构是区域发展的"助推器"和"调节器"；最后指出地域空间具有有界性和控制性，并从全球、国家、城市三个尺度分析地区空间属性。

第二部分着重分析了产业空间的重构路径，主要包括产业与地域的耦合协调发展、产业在地域空间中的梯次配置、地域空间格局优化、绿色生态位的提升、新兴产业集群的培育这五大路径选择。本部分选用耦合度评价模型对西部资源型地区地域空间结构与产业空间的耦合发展进行定量分析；采用区位熵和比较劳动生产率的乘积表示地区产业梯次系数，分析地区产业的相对竞争优势；从地域经济差异演化与极化角度分析地域空间格局优化；从产业知识整合、产业价值链延伸角度探索绿色生态位提升路径；从新兴产业扶持、特色产业园区建设角度提出西部资源型地区新兴产业集群培育方向。

第三部分着重分析了处于不同成长阶段的资源型城市的产业重构模式选择。成长型、成熟型资源型城市随着资源开发的日渐稳定，资源型产业与城市发展却呈现出分离的状态，进行产业空间重构应从产城融合出发，推进产业与城市功能融合及空间的整合，最终实现一加一大于二的良好发展状态。衰退型、再生型资源型城市由于对资源的长期依赖和过度开发，使得经济处于相对落后甚至是停滞的状态，虽然已经把新兴产业的发展作为拉动经济增长的一大动力，但不平衡的发展使得城乡间的差距进一步拉大，其产业空间重构的关键应着眼于打造城乡一体化建设。

第四部分分析典型地区产业空间重构的具体应用。根据产业空间与地域空间的综合评价指数、产业梯度系数的发展趋势、县域经济绝对差异演化特征，对攀枝花市和六盘水市产业发展空间进行探索。从地域空间格局优化的视角出发，依据攀枝花市与六盘水市的实际情况，对两市的产业发展和生态空间提出了布局建议。

第 7 章

对策建议

基于以上包容性增长视域下西部资源型地区产业空间重构及协同发展的研究，并结合我国当前的经济形势和国家政策，本书有针对性地提出以下几点关于构建西部高质量发展的经济产业纵深高地、带动西部资源型地区产业发展的对策建议。

（1）优化和延长传统优势产业链。为了提高传统产业的竞争力，资源型城市必须要加强对传统产业的研发和深加工，对传统的产业链进行优化和延伸。首先，要立足于产品的价值，要通过深加工的方式提升产品的附加值，将传统落后的产品打造为符合经济发展和时代需求的产品，把单一的发展优势转化为综合优势，从而在经济发展方面和社会效应方面取得更多的效益，实现各方利益的最优化。其次，政府要发挥主导作用，因地制宜制定政策，并以政策为导向，吸引各方的资本投入，扩大企业资本来源范围。同时，政府应扶持和鼓励先进技术的新兴产业，通过一定的资源倾斜，发挥这些高效益、高规模企业的优势。发展新兴产业的同时可以将传统产业链拉长，两者之间形成良性的循环，充分发挥高新技术企业的规模效应，减少发生低级和反复建设的概率。要在提升原有优势产业价值的基础上，拓展相关行业的上下游，充分发挥国家政策支持的力量，依托工业园区，积极发展大项目，立足于传统产业的发展方向，充分发挥技术创新的作用，实现资源合理配置和要素的充分流动，逐步建立专业化产业基地，并以此带动地区经济发展。

（2）加快培育壮大新兴产业。新兴产业基础薄弱，人才支持不足，基础设施水平低下是资源型城市转型升级发展的短板。为了适应新时代经济发展要求，资源型城市要积极主动地对优势产业力量进行聚集，并且根据自身发展的实际情况，以强带弱，大力发展先进产业。尤其是在新的工业项目的引进和合作这两方面，要勇于打破瓶颈，实现新旧产业动能的转化，鼓励和支持企业在新的领域进行投资，为新兴产业提供充足的资本支持，通过技术创新加速产业转型升级的速度，抢占新的技术高地。同时要加强与国内外著名企业的合作与交流，合理规划现有的资源，使优势产业的发展得到促进，使资源型城市企业的发展动力得以更好激发，使经济效益和社会影响力得以进一步扩大。此外，要坚持以创新为导向，加强产、学、研合作，在产业发展过程中应重视与科研机构、高等院校等机构的合作，使合作更加紧密且不断得到加强，从而能够打造更好的创业平台，把新兴产业发展壮大。

（3）推进产业空间与地域空间耦合协调发展。随着经济的快速增长和城市化进程的加速，我国需要面对的生态环境保护和资源匮乏等问题越发严峻。在我国工业发展过程中，由于缺乏对区域空间规划的关注，使得西部地区的发展不平衡问题越来越严重，地区之间的发展差距也日益加大。产业空间的合理配置能够提升产业结构的合理化和高级化，同时有利于地域空间形态和布局的优化。此外，通过地域空间结构的优化，也可以使城市的空间分布更加合理，在经济、社会和生态方面都有利于城市整体的发展，为产业空间的形成和发展创造了有利的环境，同时也对产业空间的布局优化产生了促进作用。西部资源型地区长期处于产业空间发展滞后于地域空间发展状态，使其经济发展在高质量发展阶段陷入瓶颈，正确认识产业空间与地域空间的关联关系，积极推进产业空间发展与地域空间结构的耦合协调发展对于构建西部经济高质量发展高地具有重要意义。

（4）实现产业在地域空间的梯次配置。产业演进遵循低级到高级的发展顺序，首先是以劳动和资金为主要生产要素的产业发展模式。随着时代的不断进步和生产生活需求的不断变化，以技术和知识为主的产业发展模式占据主导地位。不论是产业还是产品都有一个萌芽、成长、成熟到衰退的过程。

要延长产业和产品的生命，就必须不断进行改革创新，合理配置产业在空间范围内的分布格局，满足符合现实经济的发展要求。西部资源型地区传统产业极度依赖自然资源，以资源为圆心，形成资源型产业圈层。建设西部高质量发展高地需要政府与市场的协作调配：一方面，要围绕资源产地推进资源依赖型产业转型升级，大力发展资源友好型、环境友好型产业；另一方面，要根据西部地区独特的地域空间结构，因地制宜，由资源产地向外延伸，重构区域产业价值链，实现产业在地域空间的梯次配置。

（5）优化地域资源配置，提升绿色生态位。西部资源型城市拥有丰富的自然资源，因此，在进行市场化的过程中，要充分利用市场的优势，合理地进行资源配置。同时，必须对"市场失灵"现象进行治理，其中，以环境污染为代价的经济发展问题尤为突出。因此，要想有效地解决这一问题，就必须尽快出台相应的环保税收政策，并采取相应的税收政策，以降低环境污染，并加大对环境污染企业的惩罚，两者结合起来，既能促进资源型城市的经济发展，又能有效地保护城市的生态环境。通过建立区域的绿色生态位，也就是在产业的传统生态位向绿色生态位转变的过程中，保持产业个体在生态位上的差异性或不对称性，增强产业的抗打击能力和市场适应能力，并在此基础上，使企业可以获取相应的资源和知识，以满足市场需要，从而产生更多的绿色价值，从而实现长期的绿色竞争力的动态变化。

（6）建立新型合作机制，促进信息沟通效率。产业重构最重要的一点是要以国家创新驱动战略为指导，西部资源型地区的产业结构转型升级需要同国家发展方针保持着一致性、衔接性、相容性，推进政府与创新领域的合作，制定技术人才资格和技术成果的质量标准。从国际视野来看，要充分发挥"一带一路"的优势，把广西、云南等重点区域作为重点区域，并与东盟国家建立具有双边特征的科技产业合作园区、建立国际化的产业研究体系和合作机制。由于西部资源型区域具有多民族、多宗教的复杂文化背景，必须积极消除文化差异导致的矛盾，政府在主导协同合作时要摒弃地域分化观念，确保各组织的战略目标一致。首先，基于公平原则建立公开透明的产业协作发展机制，对于跨区域的不同企业而言，能够有一个公平合作的产业发展环境，促进企业之间的多元化合作。其次，完善企业组织的信任契约机制，明确各参与主体的职责和权利，通过制度方面的创新促进知识技术等资源要素的充分流动，企业合作成立专门负责创新项目的团队，跟踪创新项目的进展。高等院校、科研机构和企业团队之间应加强协作沟通，提升企业的创新能力。

参考文献

［1］安宇宏．包容性增长［J］．宏观经济管理，2010（10）．

［2］艾萨德．区域科学导论［M］．北京：高等教育出版社，1991：97－125．

［3］奥斯卡·刘易斯（美）．五个家庭：墨西哥贫穷文化案例研究［M］．丘延亮，译．北京：世界图书出版公司，1959．

［4］白永秀．后改革时代中国践行包容性增长的政策取向［J］．西北大学学报（哲学社会科学版），2011，41（2）：5－9．

［5］邴晓君．长春市产业空间结构研究［D］．长春：东北师范大学，2007．

［6］蔡奇杉，盛鸣，杨晓楷．滨海生态地区空间发展策略探索——以深圳市大鹏新区为例［J］．规划师，2020，307（7）：75－79．

［7］蔡荣鑫．包容性增长：理论发展与政策体系——兼谈中国经济社会发展的包容性问题［J］．领导科学，2010，4（34）：13－15．

［8］蔡向东．包容性增长与中国特色福利社会的构建［J］．江汉论坛，2011（06）：45－48．

［9］车晓翠，张平宇．基于多种量化方法的资源型城市经济转型绩效评价——以大庆市为例［J］．工业技术经济，2011，30（2）：129－136．

［10］陈得文．要素集聚与区域经济增长效应研究［D］．南京：南京航

空航天大学，2012.

[11] 陈剑. 包容性增长与中国的发展转型 [J]. 中央社会主义学院学报，2012 (2)：13 - 14.

[12] 陈柳钦. 论产业价值链 [J]. 兰州商学院学报，2007 (4)：57 - 63.

[13] 陈柳钦. 有关全球价值链理论的研究综述 [J]. 南都学坛，2009.

[14] 陈炉. 长株潭城市群的空间相互作用与经济空间格局优化 [D]. 长沙：湖南师范大学，2018.

[15] 陈云峰，孙殿义，陆根法. 突变级数法在生态适宜度评价中的应用——以镇江新区为例 [J]. 生态学报，2006，26 (8).

[16] 褚艳宁. 资源型地区循环经济发展的问题破解 [J]. 经济问题，2014 (5)：126 - 129.

[17] 崔丽娜，李西泽. 当代我国转型时期社会分层现象应对初探 [J]. 学术探索，2013 (1)：38 - 42.

[18] 邸玉娜. 中国实现包容性发展的内涵、测度与战略 [J]. 经济问题探索，2016 (2)：16 - 27.

[19] 丁洁琼，彭鹏，杨静静. 包容性增长理念下的特困片区扶贫开发研究——以罗霄山片区炎陵县为例 [J]. 长沙大学学报，2014 (1)：32 - 34.

[20] 杜义飞，李仕明. 产业价值链：价值战略的创新形式 [J]. 科学学研究，2004 (5)：552 - 556.

[21] 杜志雄，肖卫东，詹琳. 包容性增长理论的脉络、要义与政策内涵 [J]. 中国农村经济，2010 (11)：4 - 14，25.

[22] 冯亚娟，钟永涛，祁乔. 资源型地区产业转型效率研究——以陕西省为例 [J]. 广州大学学报（社会科学版），2018，17 (8)：57 - 64.

[23] 付俊. 资源型城市转型效率及影响因素研究 [D]. 成都：成都理工大学，2017.

[24] 高铭蔓. 攀枝花市产业转型与可持续发展研究 [D]. 成都：西南交通大学，2018.

[25] 葛赞. 资源型城市转型升级中的就业发展之路 [J]. 中国就业，

2012（6）：52 – 53.

［26］郭苏文. 经济包容性增长水平的测度与评价——基于省级层面数据［J］. 工业技术经济，2015（1）.

［27］韩士元，陈柳钦. 论产业价值链的集群效应和链式效应［J］. 财会月刊，2007（26）：83 – 85.

［28］郝德强. 攀枝花战略性新兴产业培育与发展对策研究［J］. 现代商贸工业，2014，26（20）：12 – 13.

［29］胡柳. 包容性增长视角下的乡村旅游发展路径研究［J］. 安徽农业科学，2014（42）：12 – 14.

［30］黄刚. 中国与世界双重视域中的"包容性增长"理念［J］. 理论与改革，2011（1）：29 – 33.

［31］惠调艳，郭筱. 西部地区经济 – 资源 – 环境协调发展水平测度［J］. 统计与决策，2019，35（11）：124 – 128.

［32］江孝君，杨青山，刘鉴. 中国地级以上城市"五化"协调发展时空格局及影响因素［J］. 地理科学进展，2017，36（7）：806 – 819.

［33］蒋国俊，蒋明新. 产业链理论及其稳定机制研究［J］. 重庆大学学报（社会科学版），2004（1）：36 – 38.

［34］金凤君. 功效空间组织机理与空间福利研究：经济社会空间组织与效率［M］. 北京：科学出版社，2013.

［35］孔德顺，王鲁凤. 六盘水矿区煤炭及煤化工产业发展的思考［J］. 化学工程师，2014，4（8）：43 – 45.

［36］孔瑞. 经济全球化条件下产业结构变动的国际传导机制研究［D］. 厦门：厦门大学，2006.

［37］雷洋，谢泽氢. 包容性增长理念下的偏远地区旅游扶贫研究——以四川平武虎牙藏族乡为例［J］. 绵阳师范学院学报，2015，34（12）：58 – 61，99.

［38］李海绒. 西部地区产业结构调整存在的问题及对策［J］. 经济纵横，2016（4）：45 – 48.

［39］李快满. 兰州经济区经济空间结构优化研究［D］. 兰州：西北师范大学，2008.

［40］李快满. 新常态下欠发达地区资源型城市产业转型升级问题研究——以甘肃省玉门市为例［J］. 甘肃科技，2016，32（17）：1－2，46.

［41］李老虎. 资源型城市转型视角下经济开发区发展研究［D］. 兰州：西北师范大学，2009.

［42］李琳，刘莹. 中国区域经济协同发展的驱动因素——基于哈肯模型的分阶段实证研究［J］. 地理研究，2014，33（9）：1603－1616.

［43］李梦雅，严太华. 基于 DEA 模型和信息熵的我国资源型城市产业转型效率评价——以全国 40 个地市级资源型城市为例［J］. 科技管理研究，2018，38（3）：86－93.

［44］李平，狄辉. 产业价值链模块化重构的价值决定研究［J］. 中国工业经济，2006（9）：71－77.

［45］李青. 资源型地区经济转型中科技创新驱动效应研究［D］. 太原：山西大学，2019.

［46］李瑞敏，殷志强，李小磊，等. 资源环境承载协调理论与评价方法［J］. 地质通报，2020（1）.

［47］李树梅. 贵州资源枯竭型城市避暑旅游发展的问题与对策——以六盘水市为例［J］. 中国市场，2016，4（30）：207－208.

［48］李馨. 攀枝花市优势产业选择与发展研究［D］. 成都：成都理工大学，2019.

［49］李颖娟，郭晓庆，许晶. 资源型城市解决就业问题的新途径——发展循环经济［J］. 商场现代化，2007（3）：385.

［50］李元旭，黄竟晶. 异质性跨国企业的投资区位选择——基于制度环境适应和经验积累效应的动态博弈模型分析［J］. 中国工业经济，2014（11）：12.

［51］梁红岩，董威励. 生态环境视角下资源型地区产业转型效率评价——以山西省为例［J］. 湖北师范大学学报（哲学社会科学版），2017，

37 (4): 59-64.

[52] 李中建. 包容性增长理念与"中等收入陷阱"风险化解 [J]. 当代经济研究, 2012 (4): 65-69.

[53] 李中山, 方丽霞. 北方资源型地区绿色金融与产业结构升级转换研究——以内蒙古绿色金融为例 [J]. 财经理论研究, 2020 (5): 32-44.

[54] 梁红岩. 湖北师范大学学报 (哲学社会科学版), 2017, 37 (4): 59-64.

[55] 梁乐颖. 包容性发展视角下的我国体育协调发展策略研究 [J]. 经济师, 2016 (12): 53-54.

[56] 梁双陆, 侯泽华. 资源型产业升级的创新驱动研究——以中西部地区为例 [J]. 产经评论, 2020, 11 (2): 55-67.

[57] 林柯, 李晗. 西部地区资源枯竭型城市转型的困境与反思——以甘肃省白银市为例 [J]. 西部发展评论, 2011 (00): 83-91.

[58] 刘程. 基于减贫与包容性增长的路径探索——以莫桑比克区域发展走廊战略为例 [J]. 国际城市规划, 2019, 34 (4): 134-141.

[59] 刘贵富, 赵英才. 产业链: 内涵、特性及其表现形式 [J]. 财经理论与实践, 2006 (141): 114-117.

[60] 刘玲. 中国沿海地区包容性增长测度研究 [D]. 大连: 辽宁师范大学, 2018.

[61] 刘燕妮, 安立仁, 金田林. 经济结构失衡背景下的中国经济增长质量 [J]. 数量经济技术经济研究, 2014, 31 (2): 20-35.

[62] 刘玉婷. 基于新经济地理学的中国医药制造业空间结构演化及其形成机制研究 [D]. 昆明: 昆明理工大学, 2016.

[63] 卢现祥, 徐俊武. 中国共享式经济增长实证研究——基于公共支出、部门效应和政府治理的分析 [J]. 财经研究, 2012 (1).

[64] 陆大道. 区位论及区域研究方法 [M]. 北京: 科学出版社, 1988: 92-93.

[65] 陆立军, 于斌斌. 传统产业与战略性新兴产业的融合演化及政府

行为：理论与实证［J］．中国软科学，2012（5）：33－44．

［66］栾江，马瑞．京津冀地区经济协同发展程度的统计测度［J］．统计与决策，2020，36（16）：50－54．

［67］罗若愚，张龙鹏．西部资源型城市产业转型、经济增长与政策选择［J］．统计与决策，2013（10）：66－68．

［68］马克思，恩格斯．马克思恩格斯全集 第44卷［M］．2版．北京：人民出版社，2001．

［69］马克思．资本论（第3卷）［M］．北京：人民出版社，2004．

［70］苗增，冯硕，唐建权．六盘水市煤炭行业竞争战略分析［J］．现代矿业，2020，36（5）：216－219，227．

［71］南亚娣，贾明霞，李婷．甘肃省资源枯竭型区域绿色发展路径研究［J］．山西农经，2021，4（3）：85－86．

［72］聂华林，赵超．甘肃经济空间结构的现状、问题与战略选择［J］．人文地理，2003（4）：37－41．

［73］牛爱啟．资源枯竭型城市转型与发展［D］．昆明：云南师范大学，2017．

［74］牛蕊．贸易结构调整与劳动力就业：中国工业部门的研究［J］．财经论丛，2012（2）：14－19．

［75］潘成云．解读产业价值链——兼析我国新兴产业价值链基本特征［J］．当代财经，2001（9）：7－11，15．

［76］裴庆冰，谷立静，白泉．绿色发展背景下绿色产业内涵探析［J］．环境保护，2018，46（Z1）：88－91．

［77］彭丽丽．资源依赖型地区产业转型的战略及对策研究［J］．科技和产业，2019，19（6）：34－39．

［78］彭润泽．西部民族地区战略性新兴产业协同创新研究［D］．南宁：广西民族大学，2019．

［79］彭文俊，王晓鸣．生态位概念和内涵的发展及其在生态学中的定位［J］．应用生态学报，2016，27（1）：327－334．

[80] 平新乔. 产业内贸易理论与中美贸易关系 [J]. 国际经济评论, 2005 (5): 12 - 14.

[81] 齐元静, 杨宇, 金凤君. 中国经济发展阶段及其时空格局演变特征 [J]. 地理学报, 2013, 68 (4): 517 - 531.

[82] 綦良群, 王成东. 产业协同发展组织模式研究——基于分形理论和孤立子思想 [J]. 科技进步与对策, 2012 (16): 40 - 44.

[83] 秦海. 高速增长中的经济转轨——中国经济的"双重转变"与跨世纪的发展战略 [M]. 长春: 吉林大学出版社, 1997.

[84] 让·皮埃尔·莱曼. 探索"包容性的增长" [J]. 中国企业家, 2008 (13): 36.

[85] 任栋, 崔雁冰. 高素质劳动力集聚对产业结构升级的影响效应 [J]. 公共财政研究, 2016 (2): 52 - 59.

[86] 任太增. 需求结构与区域产业结构同质化趋势 [J]. 当代经济研究, 2002 (3): 40 - 43.

[87] 沈镭, 高丽. 中国西部能源及矿业开发与环境保护协调发展研究 [J]. 中国人口·资源与环境, 2013, 23 (10): 17 - 23.

[88] 盛朝迅. 新发展格局下推动产业链供应链安全稳定发展的思路与策略 [J]. 改革, 2021 (2): 1 - 13.

[89] 施文鑫, 魏后凯, 赵勇. 西部地区产业转型升级策略 [J]. 北京航空航天大学学报 (社会科学版), 2017, 30 (4): 83 - 86.

[90] 石碧. 贵州省六盘水煤田煤炭资源潜力评价 [J]. 煤质技术, 2016, 4 (3): 26 - 33.

[91] 舒尔茨 (美). 人力资本投资 [M]. 吴珠华, 等译. 北京: 北京经济学院出版社, 1999.

[92] 司嘉丽. 促进绿色包容性增长 [N]. 社会科学报, 2013 - 11 - 21 (002).

[93] 宋周莺, 刘卫东. 西部地区产业结构优化路径分析 [J]. 中国人口·资源与环境, 2013, 23 (10): 31 - 37.

［94］孙浩进. 我国资源型城市产业转型的效果、瓶颈与路径创新［J］. 经济管理，2014，36（10）：34－43.

［95］覃洁. 包容性增长视角下的生态文明城市建设［J］. 管理探索，2014（5）：18－19.

［96］谭燕芝，彭积春. 金融发展、产业结构升级与包容性增长——基于民生与发展视角的分析［J］. 湖南师范大学社会科学学报，2019，48（1）：82－92.

［97］唐钧. 社会政策的基本目标：从克服贫困到消除社会排斥［J］. 江苏社会科学，2002，4（3）：41－47.

［98］王锋正，郭晓川. 西部地区资源型企业应走自主创新之路［J］. 工业技术经济，2006（7）：10－12.

［99］王海杰，吴颖. 基于区域价值链的欠发达地区产业升级路径研究［J］. 经济体制改革，2014（4）：38－42.

［100］王虹，陆冰蕊，张华凯. 承接产业转移促进产业结构优化升级机理分析［J］. 合作经济与科技，2013（14）：14－15.

［101］王路云，王崇举，邓琳. 中国西部地区基本公共服务水平与空间格局研究［J］. 西部论坛，2016，26（5）：51－60.

［102］王帅. 资源型地区的治理困境与转型发展路径选择［J］. 经济问题，2015（9）：117－120.

［103］王新建，唐灵魁. 包容性上多给力——我国城镇化建设现状和理念蒙太奇［J］. 中国城市经济，2011（3）：263－264.

［104］王亚明. 城市更新视角下的资源型城市转型实证研究［D］. 兰州：兰州大学，2011.

［105］王迎顺，吴勤学. 产业生命周期及其衡定方法［J］. 经济问题，1990（7）：24－25.

［106］王宇波，张铮，景思江. 汉江生态经济带产业协同发展研究［J］. 湖北工业大学学报，2017，32（3）：10－15.

［107］王兆华. 区域生态产业链管理理论与应用［M］. 北京：科学出

版社，2010：19．

[108] 王征．推进我国城市产业布局合理化的若干建议［J］．上海城市发展，2015（2）：34－36．

[109] 王智勇．产业结构，城市化与地区经济增长——基于地市级单元的研究［J］．产业经济研究，2013（5）：23－34．

[110] 魏后凯．我国产业集聚的特点、存在问题及对策［J］．经济学动态，2004（9）：4．

[111] 魏后凯．大都市区新型产业分工与冲突管理——基于产业链分工的视角［J］．中国工业经济，2007（2）：28－34．

[112] 文雁兵．制度性贫困催生的包容性增长：找寻一种减贫新思路［J］．改革，2014（9）：52－60．

[113] 吴红雨．论产业价值链竞争及其收益分配的决定［J］．求实，2016（5）：45－53．

[114] 吴青龙，朱美峰，郭丕斌．基于脱钩理论的资源型经济转型绩效评价研究［J］．经济问题，2019（6）：121－128．

[115] 吴越菲．地域性治理还是流动性治理？城市社会治理的论争及其超越［J］．华东师范大学学报：哲学社会科学版，2017（6）：51－60．

[116] 伍应德．资源型城市从资源依附到创新驱动的路径研究——以贵州省六盘水市为例［J］．资源与产业，2013，15（5）：14－18．

[117] 夏四友，文琦，赵媛，等．榆林市人口与经济空间关系及格局演变实证研究［J］．农业现代化研究，2017，38（6）：1067－1074．

[118] 辛颖．西部县级资源枯竭型城市可持续发展对策研究［D］．成都：成都理工大学，2014．

[119] 熊彬，胡振绅．空间视角下资源型城市转型效率差异演化及影响因素分析——以东北地区资源型城市为例［J］．华东经济管理，2019，33（7）：78－86．

[120] 徐华．三次产业协同发展机制及其产业政策［J］．中国经济问题，2010（6）：34－41．

[121] 徐强，陶侃. 基于广义 Bonferroni 曲线的中国包容性增长测度及其影响因素分析 [J]. 数量经济技术经济研究，2017，34（12）：93 – 109.

[122] 徐涛. 我国农村服务业对农村劳动力的就业吸纳效应研究 [J]. 改革与战略，2016，32（12）：103 – 106.

[123] 徐盈之，邹芳，魏莎. 中国包容性增长水平的综合评价与空间效应研究 [J]. 江苏社会科学，2015（3）：24 – 31.

[124] 许晖，王琳. 价值链重构视角下企业绿色生态位跃迁路径研究——"卡博特"和"阳煤"双案例研究 [J]. 管理学报，2015，12（4）：500 – 508.

[125] 闫海洲，张明珅. 金融包容性发展与包容性金融体系的构建 [J]. 南方金融，2012（3）：82 – 83.

[126] 闫沛禄. 资源型城市可持续发展的探索与实践 [D]. 北京：中国地质大学，2012.

[127] 闫树熙，刘昆，郭利锋. 西部资源富集地区资源环境承载力评价研究——以国家级能源化工基地榆林市为例 [J]. 中国农业资源与区划，2020，41（7）：57 – 64.

[128] 严斌剑，Geoffrey Hewings，周应恒，范金. 包容性增长政策分析的研究方法和现状：可计算一般均衡模型微观模拟技术研究述评 [J]. 管理评论，2013，25（2）：3 – 11，18.

[129] 杨德进. 大都市新产业空间发展及其城市空间结构响应 [D]. 天津：天津大学，2012.

[130] 杨国才，李齐. 中西部承接产业转移的结构变迁效应与产城融合路径 [J]. 江西社会科学，2016，36（3）：59 – 66.

[131] 杨建林，张思锋，王嘉嘉. 西部资源型城市产业结构转型能力评价 [J]. 统计与决策，2018，34（5）：53 – 56.

[132] 杨丽娥. 旅游产业链刍议 [J]. 经济问题探索，2008（6）：121 – 123.

[133] 杨娆. 煤炭资源依赖型地区经济发展的问题及建议——以贵州省

六盘水市为例〔J〕. 国土与自然资源研究，2020，4（1）：29 – 32.

〔134〕杨涛. 基于四链融合的煤炭企业双创基地建设模式研究〔J〕. 煤炭经济研究，2018，38（2）：24 – 29.

〔135〕衣保中，高锦杰. 吉林省循环经济与产业协同发展水平实证研究〔J〕. 北华大学学报（社会科学版），2019，20（2）：119 – 126.

〔136〕于敏，王小林. 中国经济的包容性增长：测量与评价〔J〕. 经济评论，2012，4（3）：30 – 38.

〔137〕于向宇，李跃，陈会英，等. "资源诅咒"视角下环境规制、能源禀赋对区域碳排放的影响〔J〕. 中国人口·资源与环境，2019，29（5）：52 – 60.

〔138〕余建辉，张文忠，王岱，李倩. 资源枯竭城市转型成效测度研究〔J〕. 资源科学，2013，35（9）：1812 – 1820.

〔139〕曾国平，王正攀，曹跃群. 西部基本公共服务水平地区差异的实证分析〔J〕. 重庆理工大学学报（社会科学），2011，25（11）：36 – 44.

〔140〕曾贤刚，段存儒. 煤炭资源枯竭型城市绿色转型绩效评价与区域差异研究〔J〕. 中国人口·资源与环境，2018，28（7）：127 – 135.

〔141〕臧萃妮. 包容性增长下收入分配研究〔D〕. 济南：山东大学，2012.

〔142〕张辰，蒋选. 西部资源型城市承接产业转移问题研究〔J〕. 内蒙古社会科学（汉文版），2017，38（1）：169 – 176.

〔143〕张海丽. 城乡经济社会一体化背景下西部地区矿产资源产业发展模式的研究〔D〕. 西安：西北大学，2013.

〔144〕张经阳. 资源型城市工业转型升级效果评价——以六盘水市为例〔J〕. 六盘水师范学院学报，2020，32（1）：24 – 29.

〔145〕张辽，王俊杰. 我国制造业"四链"协同升级的一个现实途径：服务化转型〔J〕. 经济社会体制比较，2018（5）.

〔146〕张辽. 要素流动，产业转移与区域经济发展〔D〕. 武汉：华中科技大学，2013.

[147] 张琴. 资源型地区产业绿色发展评价研究 [D]. 太原：山西大学，2019.

[148] 张荣光，杨楠，骆毓燕. 西部地区自然资源与产业结构耦合度的时空演变分析 [J]. 统计与决策，2017（21）：138 – 141.

[149] 张少军、刘志彪. 全球价值链模式的产业转移：动力、影响与对中国产业升级和区域协调发展的启示 [J]. 中国工业经济，2009（11）.

[150] 张秀生，陈慧女. 论中国区域经济发展差距的现状、成因、影响与对策 [J]. 经济评论，2008，150（2）：53 – 57，72.

[151] 张云芳. 山西省基于产业梯度地位的产业选择路径分析 [J]. 北方经贸，2020（2）：126 – 128，147.

[152] 张志英. 产业关联分析法与我国主导产业的选择分析 [J]. 上海统计，2000（3）：22 – 24.

[153] 张治会. 西南山区农业现代化研究 [D]. 北京：中国农业科学院，2017.

[154] 章际茂，马紫馨，刘茹，等. 资源型城市转型中工业旅游高质量发展路径研究——以六盘水市为例 [J]. 绿色科技，2021，23（5）：201 – 203.

[155] 赵文琦，胡健. 能源产业集聚对经济增长的影响研究——基于"一带一路"沿线西部 9 省区的实证分析 [J]. 西安财经大学学报，2020，33（5）：71 – 81.

[156] 赵筱青，普军伟，饶辉，等. 云南喀斯特山区城乡建设用地开发适宜性及分区 [J]. 水土保持研究，2020（1）：240 – 248.

[157] 赵洋. 我国资源型城市产业绿色转型效率研究——基于地级资源型城市面板数据实证分析 [J]. 经济问题探索，2019，4（7）：94 – 101.

[158] 郑振东. 信贷包容性增长与信贷供给结构性调整 [J]. 上海金融，2017（9）：25 – 28.

[159] 中国社会科学院当代中国研究所第二研究室国情调研组，郑有贵. 资源型城市转型发展路径依赖与突破——六盘水市三线企业引领转型发展调研 [J]. 贵州社会科学，2014，4（8）：88 – 93.

［160］朱传耿，沈山，仇方道. 区域经济学［M］. 2版. 北京：中国社会科学出版社，2007.

［161］朱瑞芳. 西部资源型地区创新系统与产业转型协同评价研究［D］. 包头：内蒙古科技大学，2019.

［162］Agnew J. State Territoriality and Sovereignty Regimes: World Politics in Contemporary Authority［J］. Annals of the Association of American Geographers, 2005, 95（2）: 437 – 461.

［163］Ali L, Hyun H. Defining and Measuring Inclusive Growth: Application to the Philippines［R］. Economics and Research Department Working Paper Series, NO. 98, July 2007.

［164］Ali S. Measuring Inclusive Growth［J］. Asian Development Review, 2007, 24（1）: 11 – 31.

［165］Anand R, Mishra S, Peiris S J. Inclusive Growth, Measurement and Determinants［J］. IMF Working Papers, 2013.

［166］Back T, Demirgli-Kunt A, Levine R. Finance, Inequality and the Poor［J］. Journal of Economic Growth, 2007, 12（1）: 27 – 49.

［167］Besley, Timothy, Robin B, et al. The Policy Origins of Growth and Poverty in Indian, in Besley Timothy and Louise J. Cord（Eds）: Delivering on the Promise of Pro-Poor Growth［R］. Palgrave Macmillian and the World Bank, New York, 2007.

［168］Blondel V, Krings G, Thomas I. Regions and borders of mobile telephony in Belgium and in the Brussels Metropolitan zone［J］. Brussels Studies, 2010, 42（4）: 1 – 12.

［169］Brenner N. Globalisation and Reterritorialisation: The Re-scaling of Urban Governance in the European Union［J］. Urban Studies, 1999, 36（3）: 431 – 451.

［170］Brenner N. Open Questions on State Rescaling［J］. Cambridge Journal of Regions, Economy and Society, 2009, 2（1）: 123 – 139.

［171］ Chen W, Shen Y, Wang Y. Does Industrial Land Price Lead to Industrial Diffusion in China? An Empirical Study from a Spatial Perspective ［J］. Sustainable Cities and Society, 2018, 40: 307 – 316.

［172］ Clarke G, Xu Lx, Zou H F. Finance and Income Inequality: Test of Alternative Theories ［J］. Policy Research Working Paper Series, 2003.

［173］ Cox K. Political Geography: Territory, State and Society ［M］. Oxford: Blackwell, 2002.

［174］ Dutz M A. Unleashing India's Innovation: Toward Sustainable and Inclusive Growth ［J］. World Bank Publications, 2010.

［175］ Ferrantino M J. Global Value Chains in the Current Trade Slowdown ［J］. World Bank-Economic Premise, 2014: 1 – 6.

［176］ Friedmann J. Regional Development Policy: A Case Study of Venezuela ［M］. Cambridge: The MIT Press, 1966: 102 – 106.

［177］ Gereffi G, Humphrey J, Kaplinsky R, et al. Introduction: Globalisation, Value Chains and Development ［J］. IDS Bulletin, 2001, 32 (3): 1 – 8.

［178］ Gereffi G. International Trade and Industrial Upgrading in the Apparel Commodity Chain ［J］. Journal of International Economics, 1999, 48 (1): 37 – 70.

［179］ Gersbach H, Schnlutzler A. External Spillovers, Internal Spillovers and the Geography of Production and Innovation ［J］. Regional Science & Urban Economics, 1999, 29 (6): 679 – 696.

［180］ Giddens A. Sociology ［M］. Cambridge: Polity Press, 2001: 323 – 326.

［181］ Gregory D, Johnston R, Pratt G, et al. The Dictionary of Human Geography (5th) ［M］. Oxford: Blackwell, 2009.

［182］ Ho M C, Verspagen B. The Role of National Borders and Regions in Knowledge Flows ［J］. How Europe's economies learn/E. Lorenz, B – A Lundvall (eds.), 2006: 50 – 79.

［183］ Jiang G H, Ma W Q, Qu Y B, Zhang R J, Zhou D Y. How Does

Sprawl Differ Across Urban Built-Up Land Types in China? A Spatial-temporal Analysis of the Beijing Metropolitan Area Using Granted Land Parcel Data [J]. Cities, 2016, 58: 1 -9.

[184] Kaplinsky R, Terheggen A, Trjaja J. China as A Final Market. The Gabon Timber and Thai Cassava Value Chains [J]. World Development, 2011, 39 (7): 1177 -1190.

[185] Kaplinsky R. Globalisation and Unequalisation: What Can Be Learned from Value Chain Analysis? [J]. Journal of Development Studies, 2000, 37 (2): 117 -146.

[186] Kogut B. Designing Global Strategies: Comparative and Competitive Value-Added Chains [J]. Sloan Management Review, 1985, 26 (4): 15 -28.

[187] Kortum E S. Technology, Geography, and Trade [J]. Econometrica, 2002, 70 (5): 1741 -1779.

[188] Liu X L, Urbanamp S. Spatial Planning Reform under Double Logic of "Space Governance" and "Ecological Civilization" [J]. Territory & Natural Resources Study, 2019.

[189] Liu Y, Wang S, Chen B. Optimization of National Food Production Layout Based on Comparative Advantage Index [J]. Energy Procedia, 2019, 158: 3846 -3852.

[190] Madzarevic – Sujster S. Croatia : A Strategy for Smart, Sustainable and Inclusive Growth [J]. World Bank Other Operational Studies, 2013.

[191] Martin L. Sequential Location Contests in the Presence of Agglomeration Economies [J]. Discussion Papers in Economics at the University of Washington, 2000.

[192] McKinley T. Inclusive Growth Criteria and Indicators: An Inclusive Index for Diagnosis of Country Progress [R]. Asian Development Bank Sustainable Development Working Paper Series, 2010.

［193］ Org Z. Inclusive Green Growth: The Pathway to Sustainable Development ［M］. World Bank, 2012.

［194］ Porter M E. Clusters and the New Economics of Competition ［J］. Harvard Business Review, 1998: 77 – 90.

［195］ Sami Y, Romero D A, Yan G K, et al. The Impact of Land Use Constraints in Multi-Objective Energy-Noise Wind Farm Layout Optimization ［J］. Renewable Energy, 2016, 85: 359 – 370.

［196］ Silber J, Son H. On the Link between the Bonferroni Index and the Measurement of Inclusive Growth ［J］. Economics Bulletin, 2010, 30 (1): 421 – 428.

［197］ Suryanarayana M H. Inclusive growth: A Sustainable Perspective ［R］. United Nation Development Programmer, 2013.

后　记

本书立足于党的十九大报告的区域经济协调发展战略，总结西部资源型地区转型历程的经验、教训，基于包容性增长视域，剖析产业升级和转型现状，以区域内产业价值链重构和区域间产业空间优化为切入点，提出西部资源型地区产业空间重构和协同发展的路径和配套机制。探索西部资源型地区产业空间布局优化和空间重构的路径，分析产业在地域空间内的梯次融合发展，研究区域协同发展的内在机理和演化规律。通过西部资源型地区产业空间重构的全方位、多维度研究，以产业的集群与变革，重新整合内外部资源，创新新业态，找出资源型地区绿色低碳发展的时空领域，实现包容性增长，这既是西部资源型地区经济发展方式的转变，也是促进区域协调发展的重要现实意义。

本书的出版凝聚了多位老师、学生的心血，具体分工如下：张荣光负责编写第 1 ~ 第 5 章的具体内容，博士生邱启文负责编写第 6、第 7 章的具体内容，博士生伍翰文、邓江晟、何子琼负责第 3 ~ 第 5 章的实证部分，硕士生王安均、李江渠第 3 ~ 第 5 章实证部分的数据收集，硕士生任苏潘、朱玉琳负责第 2、第 4 章涉及的相关文献的整理，最后由张荣光负责总撰和校稿。学院资源与环境经济研究团队人员杨劬老师、胡锡琴老师在本书构思、选题、写作、修订过程中提供了许多宝贵的意见。此外，本书参考了很多专家、学者的相关研究成果，从中得到了很大的启发和收获，在此谨向他们一并表示诚挚的谢意。

包容性增长视域下西部资源型地区的产业重构与协同发展是补齐民生发

展短板、促进社会公平、确保区域协调发展战略实施的关键问题，虽然我们在研究过程中尽力完善，但由于学术水平有限，本书中的部分观点和方法可能存在争议和错误，敬请各位专家和读者朋友给予批评指正并提出宝贵意见。

N